留学生论文阅读与写作丛书

主编◎李禄兴

中国人民大学“2018年中央高校建设世界一流大学(学科)和特色发展引导专项资金”资助成果

留学生论文阅读与写作

Thesis Reading and Writing for International Students

白鸽　高增霞◎编著

华中科技大学出版社
http://www.hustp.com
中国·武汉

内容简介

本书的教学目标是培养汉语言专业留学生学术论文的阅读与写作技能。重点选择语言、文学、文化、语言教学等领域的经典话题，从学术论文的选题、语言、观点、要素、结构等方面进行讲解，使学生掌握学术论文的阅读方法，熟悉选题、收集资料、形成观点、正文写作、摘要写作等学术写作过程及其规范、标准，为学生写出高质量的毕业论文奠定坚实的基础。

本书共12课，每课内容分为五个模块：阅读分析、写作训练、拓展训练、写作知识、课后作业。重视论文的阅读分析技巧的训练，并结合留学生毕业论文写作中出现的问题，总结出实用的表达方式和语言模块，并提供大量充分的练习。本书可供外国留学生汉语言专业本科三、四年级学生或硕士研究生使用，也可供其他相关专业学生参考。

图书在版编目（CIP）数据

留学生论文阅读与写作. 下/白鸽，高增霞编著. —武汉：华中科技大学出版社，2019.9
（留学生论文阅读与写作丛书）
ISBN 978-7-5680-5697-7

Ⅰ.① 留… Ⅱ.① 白… ② 高… Ⅲ.① 汉语-论文-阅读教学-对外汉语教学-教材 ② 汉语-论文-写作-对外汉语教学-教材 Ⅳ.① H195.4

中国版本图书馆CIP数据核字（2019）第212116号

留学生论文阅读与写作（下） 白 鸽 高增霞 编著
Liuxuesheng Lunwen Yuedu yu Xiezuo（Xia）

策划编辑：宋 焱
责任编辑：吕蒙蒙
封面设计：廖亚萍
责任校对：张会军
责任监印：周治超
出版发行：华中科技大学出版社（中国·武汉） 电话：（027）81321913
武汉市东湖新技术开发区华工科技园 邮编：430223
录 排：华中科技大学出版社美编室
印 刷：武汉华工鑫宏印务有限公司
开 本：787mm×1092mm 1/16
印 张：16.75 插页：1
字 数：177千字
版 次：2019年9月第1版第1次印刷
定 价：58.00元

总序

随着世界范围内汉语学习者的不断增加，来华留学的外国本科生也越来越多。目前，国内针对长短期汉语进修生的教材已经开发了很多，但是针对本科生学习“汉语言”和“汉语言文学”两个专业的教材还有很大的探索空间。因此，进一步探讨针对来华留学本科生的教学规律，编写出适用的、具有针对性且符合时代发展需要的本科专业教材，这不仅有利于教学质量和效率的提高，也将成为推动汉语国际教学事业发展和学科建设的一项根本性任务。

一、编写背景

“论文阅读与写作”为中国人民大学本科留学生“汉语言”和“汉语言文学”两个专业的必修课。该门课程自二年级上学期开始，一直持续到三年级上学期结束，共 3 个学期。课程宗旨是通过阅读相关文献资料，提高留学生对论文主要观点的分析、概括能力，从而全方位提升其学年论文、毕业论文的写作能力，包括书面语运用、段落组织、论证方法、观点归纳、内容摘要的提炼和撰写、论据收集和运用、文章结构、选题能力、写作规范等。该门课程已经开设近20年，从事该课程的教师积累了大量的教学经验和教学资料，由此我们决定在此基础上编写一套“留学生论文阅读与写作”丛书，不仅可以直接服务于本校留学生教育，也可以为更多兄弟院校培养高质量的本科留学生提供参考和帮助。

二、教材定位

教材主要适用对象为来华“汉语言”专业和“汉语言文学”专业本科留学生，也适用于“汉语国际教育”专业硕士留学生，以及国外大学汉语专业的本科生和硕士生。使用者最好有HSK（汉语水平考试）6级证书，或者参加过中高级写作课程训练班，具备较高水平的汉语写作能力，具有提升其大学学年论文、毕业论文写作水平的强烈意愿。

三、教材体制

“留学生论文阅读与写作”丛书分为上、中、下三册。内容安排上由浅入深，循序渐进。每册教材设12～13课，按每周2课时计算，共计一个学期的教学内容。教师也可根据教学需要，适当调整教学内容和教学时长。

上册以议论文片段和全篇阅读分析为主，让学生了解某个观点是如何形成和论证的，其中的逻辑关系是怎样展开的，使用了哪些论证方法和论据等，从阅读分析别人的文章到厘清自己的思路，对论文形成初步认识。中册在阅读议论文的基础上，更侧重写作基础的训练。写作的论题从通论性话题开始，让学生明白怎样搜集材料、怎样构思、怎样写提纲，常用的论证方法有哪些等，从而构成对所持观点不同角度的支持和论证。下册则重在学术论文的阅读和写作上，以语言、文学、文化等专业论题为基础，分析学术论文的语言、观点、要素、结构等，从而让学生提出观点，论证观点，为学生写出高质量的毕业论文奠定坚实的基础。

每课内容大致分为 5 个模块：① 阅读分析；② 写作训练；③ 拓展训练；④ 写作知识；⑤ 课后作业。

教材注重学生论文阅读与写作实际能力的培养，而不过多地讲解写作知识，不过分注重写作知识本身的系统性和完整性。教材强调训练的重要性，充分体现“精讲多练”的原则。

四、特别说明

这套教材的出版得到了中国人民大学文学院的大力支持，获得了中国人民大学“2018年中央高校建设世界一流大学（学科）和特色发展引导专项资金”的支持。同时得到了华中科技大学出版社的高度重视，编辑宋焱同志做了大量细致的工作，提出了很多宝贵建议。参与编写的教师们本着一丝不苟的学术态度，在承担繁重教学任务的同时高质量地完成了编写工作，在此一并致谢！由于编写水平的局限，书中难免会出现一些错误和纰漏，希望使用者提出宝贵意见和建议。

李禄兴

于中国人民大学人文楼

2019年3月6日

目录

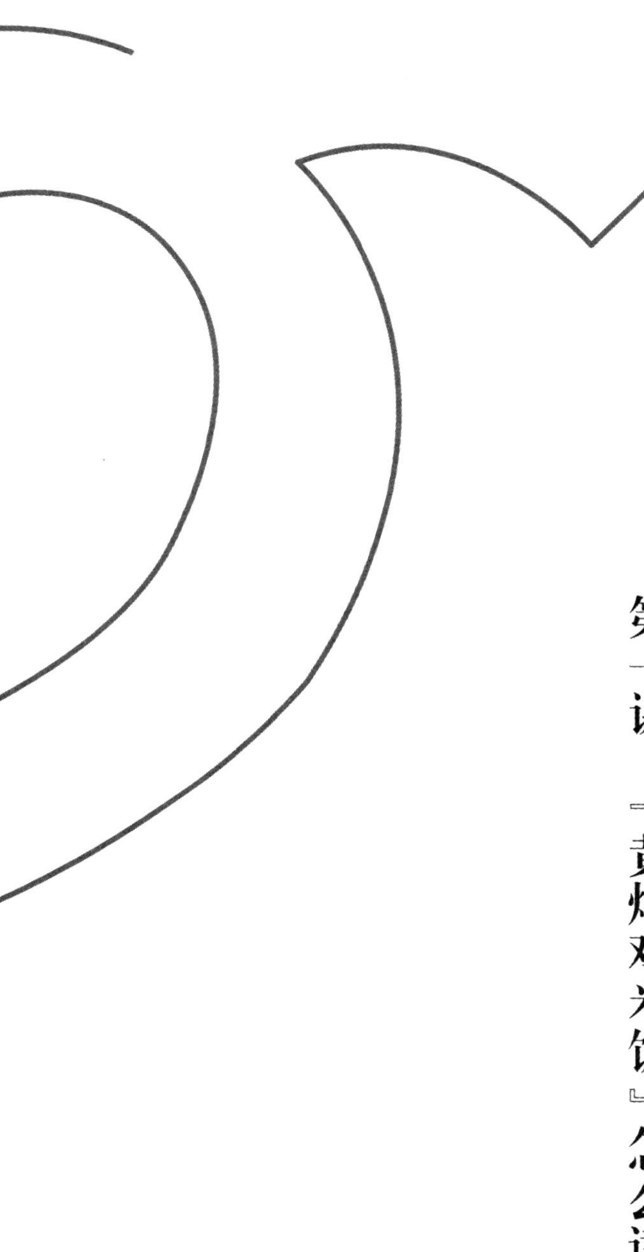

第一课 『黄焖鸡米饭』怎么读

一、阅读分析

“黄焖鸡米饭” 怎么读

现实生活中不少人把“黄焖鸡米饭”读成“黄焖/鸡米饭”，即在“黄焖”后稍稍停顿一下再说“鸡米饭”。甚至店老板会有“某某号，你的鸡米饭好了”这种将“鸡米饭”独立出来的说法。这似乎把“黄焖/鸡米饭”这种读法给坐实①了：“鸡米饭”是短语的中心语，而“黄焖”是修饰语。修饰语并不改变中心语的内涵②，因此在具体语境中可以省略。就像“油炸/小黄鱼”一样，无论修饰语是“油炸”“清蒸”或其他，“小黄鱼”始终都是“小黄鱼”，不可能变成其他品种的鱼。因此，服务员可以说“您的小黄鱼好了”，不必把“油炸”说出来，但不会说“您的油炸好了”。

然而，“黄焖鸡米饭”的情况并不如此简单。“黄焖鸡”据传起源于民国时期济南的著名饭店“吉玲园”。“焖”是一种烹饪手法：食物先过一下油，然后放入锅中，加上作料和水，煮开之后改用文火煮，最后收汁。“焖”出来的食物通常色泽金黄，因而称为“黄焖”。“黄焖鸡米饭”作为一道饭菜，通常都是一个装有黄焖鸡的煲，外加一碗白米饭。可见，“黄焖鸡米饭”的意思就是黄焖鸡配米饭；从内部结构关系来说，它是并列结构，由“黄焖鸡”和“米饭”并列而成。这样看来，就只能是“黄焖鸡/米饭”这一种读法了。

那为什么会有这么多人违背词义和语法的规则读成“黄焖/鸡米饭”呢？这是韵律[③]因素制约[④]的结果。冯胜利（1998）指出：汉语中五个音节的组合，通常有［2＋3］和［3＋2］两种音节组合形式，但不受其他因素干扰的“自然音步”是［2＋3］。这在单个音节均无意义的音译词或每个音节都各自独立的并列短语中表现得最为明显。前者如“加利福尼亚”，后者如“金木水火土”，停顿都是清楚地划在第二和第三个音节之间，即读作［2＋3］的“加利/福尼亚”“金木/水火土”，而不是［3＋2］的“加利福/尼亚”“金木水/火土”。“黄焖/鸡米饭”也是同样的道理。一些不了解“焖”这种烹饪手法、没有听说过也没有吃过黄焖鸡的人，对于这样一个相对陌生的词，就像音译词那样按照［2＋3］的自然音步来读，这是最自然的。

自然音步的影响力远比我们想象的要大。有时候，尽管词义上的界限明确，但人们仍然习惯按照自然音步来读。比如，“千里追风油”一般都按自然音步读作［2＋3］的“千里/追风油”，而不是按词义界限读作［4＋1］的“千里追风/油”。当然，词义界限是否明确往往也存在一个“度”的问题：是大多数人都能一眼看出这个界限，还是只有少部分读过古书的人才能分辨。像“千里追风”，很多人可能并不知道这个典故，也不会觉得在词义上应该组合在一起。但像“冰糖葫芦汁”，绝大多数人都不会选择自然音步［2＋3］的组合，而是按照词义界限读成［4＋1］的“冰糖葫芦/汁”。

再回过头看“黄焖鸡米饭”。因为自然音步和词义界限上的矛盾，它在当下的语言生活中正处于［2＋3］和［3＋2］两种读法的竞争状态中。究竟哪种读法会为更多的人所接受和使用，并最终在竞争中胜出，还有待时间的检验。

参考文献

冯胜利．论汉语的“自然音步”［J］．中国语文，1998（1）：40-47.

（节选自《语言文字周报》2016 年 11 月 23 日，作者：丁健。有改动。）

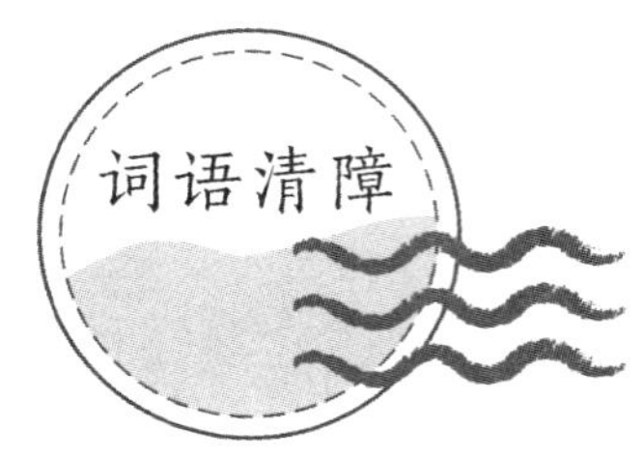

① **坐实** zuòshí（动）落实、证实。如：为了确保资金不被滥用，每次拨款都要由负责人或单位签署～｜近些年不断爆出的消息已经～NSA 对多国企业、政府机关的监控行为。

② **内涵** nèihán（名）逻辑学上指一个概念所反映的事物的本质属性的总和，也即概念的内容。如："人"这一概念的～是能制造工具并使用工具进行劳动的高等动物｜修饰语不改变中心语的～，"红花"、"白花"都还是"花"。

③ **韵律** yùnlǜ（名）语言或物体运动的节奏规律。如：朗诵诗歌时一定要把握好诗句的～｜中国花样滑冰运动员在动作～、滑行速度以及对音乐的理解和表现等方面进步明显。

④ **制约** zhìyuē（动）甲事物本身的存在和变化以乙事物的存在和变化为条件，则甲事物为乙事物所制约。如：经济发展受资源、人才等多种因素的～｜过于内向的性格～着他语言水平的提高。

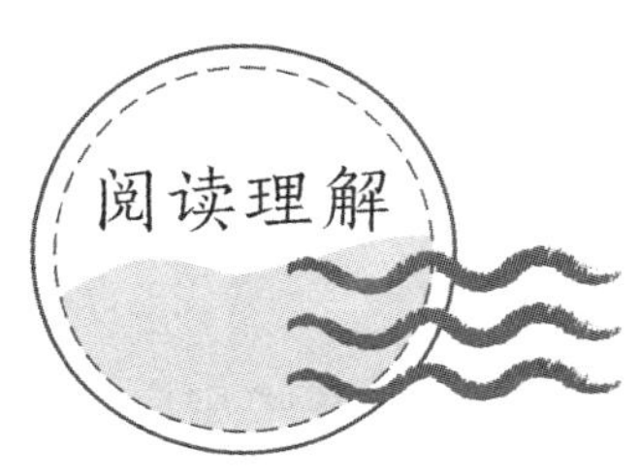

1. 选文的主要内容是（　　）

A. “黄焖鸡米饭”有哪些读法。

B. “黄焖鸡米饭”怎样读才正确。

C. “黄焖鸡米饭”为什么会有两种读法。

D. 自然音步对“黄焖鸡米饭”读法的影响。

2. 根据文章内容，用合适的语词填空。

（1）“黄焖鸡米饭”是由________和________构成的一道饭菜。因此，作为饭菜名称，“黄焖鸡米饭”的词义是____________________，“黄焖鸡”和“米饭”在语法上是____________关系。按照词义和语法规则，该名称应读作________________。

（2）对汉语中五个音节的组合来说，自然音步是________这种读法模式，比如____________________。正因如此，不熟悉“黄焖鸡米饭”这道饭菜和这个名称的人，自然而然就会把它读成_____________。

3. 根据文意，判断下列说法的正误，正确的打“√”，错误的打“×”。

（1）现实中人们对“黄焖鸡米饭”的读法不一致。（　　）

（2）在“黄焖鸡米饭”中，“黄焖”是“鸡米饭”的修饰语。（　　）

（3）“黄焖鸡/米饭”的读法才是正确的。（　　）

（4）汉语中，词义界限不能完全决定一个词的读法。（　　）

（5）读过古书的人可能会按［4+1］来读“千里追风油”。（　　）

（6）目前无法预测“黄焖鸡米饭”的哪种读法会最终固定下来。（　　）

二、写作训练

1. 梳理文章写作思路，完成下面的文段。

文章首先指出了____________________的现象，然后结合"黄焖鸡"的起源讨论了"黄焖鸡米饭"一词的________和________，并指出，据此该词应读作____________。随后，文章解释了"黄焖/鸡米饭"这一读法的________，即________的影响。接下来，文章以"千里追风油"和"冰糖葫芦汁"为例讨论了____________________。最后，文章指出______________________________。

2. 抓住文章主要内容，将之概括成短文（100 字以内），可参考下面的表达。

现实生活中"黄焖鸡米饭"……两种读法。前一读法与……有关；后一读法则……；自然音步……。当下两种读法……，……。

____

____

____

____

____

三、拓展训练

1. 阅读所给材料，将相关观点用适当的语句表达出来。

中西方的用餐形式存在较大差异，归根结底是因为______________。

中国人推崇社团和集体价值，强调社会群体的统一和认同。中国人在用餐时，习惯围坐在一起，其乐融融。一般宴会场合也通常选择圆桌，圆桌代表着团结友好，礼貌温馨。人们将菜肴放在圆桌的中心供大家欣赏与品尝，同时也有利于用餐人的沟通与交流。在餐桌上人们会相互敬酒、劝酒、夹菜，这在中国是一种传统礼仪，体现了对对方的尊重与礼貌。虽然从卫生角度来看，这种聚餐方式存在不足之处，但这种方式也正体现了中国人强调社会群体的统一和认同的世界观。

西方人强调个人的存在价值，具有较强的空间对抗感，特别注重个人空间。因而，西方人用餐往往以自助餐为主。他们会将食物酒水整齐地排列在桌子上，参加宴会的人各取所需，互不干扰。用餐时，人们通常没有固定的座位，可以端着盘子四处走动，选择自己的食物，也可以跟自己希望交谈的人边吃边谈，增进彼此的情感。交谊活动是西方宴会的核心活动。这也体现了西方人追求个性与自我价值的性格。

2. 根据短文内容回答问题。

"事儿"是"事情"的口语化形式，带有轻松的意味，如"我跟你说个事儿"。

一般来说，"事情"所包含的义项，"事儿"都具备，在用法上"事儿"可以代替"事情"，只是语体色彩不同。但是，"事儿"所包含的义项，"事情"就不完全具备，有时候"事儿"不能用"事情"来代替。例如，"开车一定要小心，千万别出事儿"中的"事儿"是指"事故"，用"事情"就不太合适。再如，"你得罪了他，他会找你的事儿"中的"事儿"是"麻烦"的意思，如果换用"事情"就说不通了。"没事儿"常用来表示"没关系、不在乎"，一个人爱管闲事常被责怪为"多事儿"，由于词义的原因，其中的"事儿"都不能换用"事情"。此外，"闹事儿"、"惹事儿"、"找事儿"、"生事儿"、"怕事儿"中的"事儿"也都不能用"事情"来代替。

值得注意的是，现在北京口语中的"事儿"，词性也在起变化。比如，责怪一个人"多事儿"，常会听到北京人这样说："这个人净事儿"、"这个人真事儿"、"他整天事儿啊事儿啊的"、"他是个事儿妈"。可见，"事儿"可以单独做谓语，可以受副词修饰，可以不带"的"做名词的定语。由此看来，它已经由名词转化成一个形容词了。

综上可见，"事儿"和"事情"的差别不仅表现在语体色彩上，而且表现在________、用法，甚至________方面。

（1）文章讨论的主要内容是（　　）

A. “事儿”一词的来源。

B. “事儿”的意思和用法。

C. “事儿”的词性的变化。

D. “事儿”与“事情”的联系和区别。

（2）请根据文章内容，在最后一段中的横线上填上适当的语词。

（3）①短文倒数第二段最后一句，“由此看来，它已经由名词转化成一个形容词了”中的“此”指的是什么？

____

____

____

② 请将下面的句子补充完整。

受自然音步的影响，有人将“黄焖鸡米饭”读作“黄焖/鸡米饭”；受词义界线的影响，有人将“黄焖鸡米饭”读作“黄焖鸡/米饭”。**由此看来**，“黄焖鸡米饭”的读法______________________________。

3. 把下面的句子按正确顺序排列成语段。

① 古代的“面（麪）”，成了现代普通话的“面粉”，这是汉语词汇不断双音化的自然结果。

② 最常用的词往往在双音化的冲击下岿然不动，保持单音状态，如“人、水、天、打、红”就是这样，因为说起来简短省事。这在语

言学上叫“经济性原则”。

③ 最有趣的是，西南地区明明属于北方方言（官话）区，可是也像非官话区一样，都用双音词，如成都、昆明都说“灰面”。它们在语言上属北方，地理上属产稻的南方，所以在这个具体词的使用上站到了南方方言一边。

④ 可是，在北方许多地方的口语里，如北京、济南、西安，还可以只说一个“面”字，如“店里进了十袋面”。北方是小麦产区，面粉历来是最主要的细粮，人们在交际中常常要提到。

⑤ 在南方的吴、粤、闽、客家、湘、赣等方言中，表示面粉则无不用双音词，如苏州、广州、厦门、梅县的“面粉”，长沙、南昌的“灰面”，无锡的“干面”，温州的“鼓面”，潮州的“面灰”，等等。因为这些地方都是产稻区，主食是米饭，表示面粉的词远不及北方常用，就被“化”成双音词了。

正确的顺序：____→____→____→____→____

四、写作知识

学术论文

学术，是指专深而有系统的学问。论文，是指研究、讨论问题的文章。学术论文，就是运用系统的专业知识针对自然科学或社会科学领域中的某一问题进行探讨、分析论证的文章。

学术论文本质上是议论文的一种，构成要素也是论点、论据、论证。与一般议论文相比，学术论文的特点主要在于它的学术性、科学性、创新性和理论性。学术性一方面表现为研究内容具有明显的专业性，要运用系统的专业知识去论证或解决专业性很强的学术问题，另一方面表现为语言上多运用专业术语和专业性图表符号来表达。科学性是学术论文的生命和价值所在。写作学术论文的目的就是要揭示事物发展的客观规律，因此要求所研究内容的描写与说明准确、论证方法合理、推理符合逻辑、语言表达准确。创新性是指较之同一话题的已有研究至少要在某一个方面有所突破，这是由科学发展的需要决定的。论文的创新性可以有多种表现，如：填补空白的新发现、新发明、新理论、新方法；在继承基础上的发展、完善、创新；在众说纷纭中提出独立的见解；推翻前人的定论；对已有资料进行创造性地综合；等等。理论性是指论文作者的思维要有理论性，论文结论要有理论性，表达要有论证性。

学术论文从内容上可分为多种类型，较常见的有：① 描写型论文，即在某特定理论的指导下，对某一现象进行细致的描述，旨在揭示被描述对象的特点，如《汉语普通话中介词“对于”的用法考察》；② 论说型论文，又分正论型和驳论型两类，都要运用大量的事实、数据以及理论分析，前者是正面阐述并证明自己的观点，如《对〈西游记〉中孙悟空形象的解读》，后者是反驳某种已有观点并提出自己不同的见解，如《孙悟空形象塑造与印度神话无关》；③ 综述型论文，即对某一时期某一学科领域或某一具体课题的研究进展情况加以概括总结，分析现状，指出问题，并明确发展方向和趋势，如《汉韩语言对比研究状况考察与分析》和《四百年〈西游记〉作者问题论争综述》；④ 评论型论文，即对某一学术成果、期刊论文或学术专著的内容进行评估、鉴定，指出其成就，分析其价值，点明其中的问题与不足，如《翻译与文化形塑：〈文化翻译与文本脉络——晚明已降的中国、日本与西方〉述评》。

本课参考答案

五、课后作业

阅读短文并回答问题。

“了”表示事态变化的实现，“X 了”表示由“非 X”到“X”的实现。比如，“他感冒了”是他由没有感冒到感冒的变化实现了。再如，“花红了”是____________________。对过程动词来说，事态的变化可以表现在过程的开始、过程中和结束完结，比如“他开始看书了”“他在看书了”“他看完书了”。

“没”表示动作行为、性质状态没有实现。比如，“没看”表示没有发出看这个动作，“没红”表示没有达到或实现红的性质或状态。否定的事态也可以没有实现，比如，“没不看”表示“不看”的行为没有实现，也即存在“看”这种行为。

_____→_____→_____→_____→_____→_____

那么，是否只要有限量就可以呢？不然。比较：“去年，他有一个月没上班”～“*去年，他有一个月没上班了”。这里，“没上班”有了时间段的数量限制，为什么仍然不能与“了”共现？因为“有一个月没上班”是静态的事态描述，并不涉及事态的变化，除非说：“他去年有一个月没上班了，今年再一个月不上班就会被辞退。”这样，就把

* 句子前面的“*”表示该句不合汉语语法规则，后同。

“一个月没上班”纳入了事态的推移变化过程中，就可以与“了”共现了。因此，“没”与“了”共现必须具备两个条件：① 限量；② 推移变化。句法格局可以记作：[［没 X］＋限量＋推移变化］＋了。

再回来看“三天没看了”。“三天”对“没看”进行了限量，“三天没看”的变化推移性是由说话人的时间参照激活的，也就是，以说话人的时间点为基准，三天前看过，三天以来没看，这个事态的推移变化实现了，所以“三天没看了”可以说。

（1）根据文意，在第一自然段的横线上填上恰当的语句。

（2）把下面的句子按正确顺序排列成语段，将序号填写到第三自然段的横线上。

① 非时段的数量也可以允准“没”与“了”的共现。

②“没”和“了”共现，经常需要加入时段。

③ 可见，“没 X”必须要限量才能与“了”共现。

④ 比如，“没看了”不能说，但是“三天没看了”可以说。

⑤ 比较：“*小张、小王和小李没签字了”～“有 3 个人没签字了”。

⑥ 这是因为“没 X”本身无法表示事态的变化，必须限量才能具备事态的变化潜质。

（3）想一想：该短文主要讨论了什么问题？要写作这样的论文，需要哪方面的知识？该文在语言方面有什么特点？

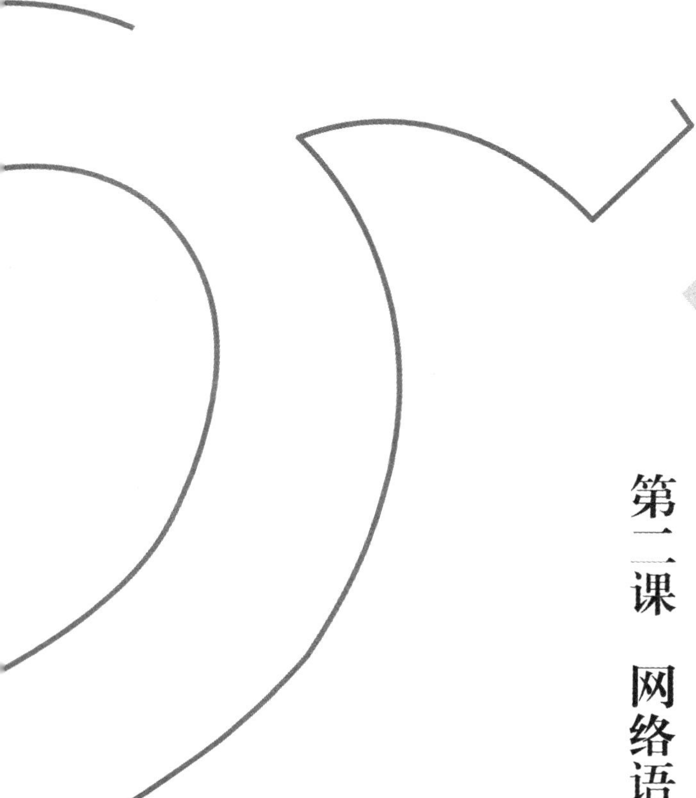

第二课　网络语言中缩略词的类型与特点

一、阅读分析

网络语言中缩略词的类型与特点

摘　要：网络缩略词主要有英语缩略词、汉语拼音字母缩略词、汉语缩略词和谐音缩略词四大类型，在形式和表达功能上具有简洁性、多样性、诙谐性、时尚性等特点，正是这些特点使得网络缩略词得到了高频而广泛的应用。

关键词：网络语言　缩略词　类型　特点

一、引言

网络缩略词是网民在网络交际中为了求简求快、求新求异而创造、使用的一种语词省缩形式（姜珊，2009）。缩略词在网络中出现频率高，应用范围广，且较相应的非省缩形式有着自己独特的表达效果，是网络语言交际区别于日常生活语言交际较显著的特色之一。要真正弄清网络语言及网络交际的特点，对网络语言中缩略词的考察必不可少。因此，本文拟从词汇学角度对网络语言中的缩略词进行分类，并归纳其在形式和表达功能方面的特点，以期为网络缩略词的应用与进一步研究提供帮助。

二、网络语言中缩略词的类型

（一）英语缩略词

网络语言中英语缩略词主要有两种。一种是单个英语词的缩略，即用一个或几个字母来代替整个词，有的利用谐音，如“u”（you 你）、“r”（are 是）、“cuz”（because 因为）、“laf”（laugh 笑）；有的无关谐音，如“LAB”（laboratory 实验室）、“DR”（doctor 博士/医生）、“AVG”（average 平均）。另一种是首字母缩略词，也即由词组中每个英语单词的首字母组合在一起构成的词，其中既有已被英语界公认的，也有网友自创的，如“VIP”（very important person 重要人物）、“ILY”（I love you 我爱你）、“OIC”（oh，I see 哦，我知道）、“BBL”（be back later 稍后回来）等。

（二）汉语拼音字母缩略词

网民也会把一些常用词语或词组中每个字汉语拼音的首字母组合在一起构成缩略词。这种缩略词多为称谓词，如“GG”（哥哥）、“LZ”（楼主）、“PLMM”（漂亮妹妹）；或调侃词和荤话[①]，如“BT”（变态)、“PMP”(拍马屁)。

(三)汉语缩略词

此类缩略词也可细分为两种。一是将想要表达的语句缩略为汉语中一个已有的词,如将“讨人喜欢百看不厌”缩略为“讨厌”,“可怜没人爱”缩略为“可爱”,“白领中的精英[②]、骨干[③]”缩略为“白骨精[④]”;二是择取长句中的几个词素或将多个语义分别概括为一个词素后构成一个新词,如“喜大普奔”(喜闻乐见+大快人心+普天同庆+奔走相告)、“白富美”(皮肤好+家境好+貌美气质佳)。

(四)谐音缩略词

网络语言中有大量利用谐音构成的缩略词。有汉语谐音,如“表”(不要);有英语谐音,如“C” (see 看见/知道);有数字谐音,如“88” (拜拜);有符号谐音,如“==” (等等)。也有几种谐音的混合,如“me2”(me too 我也一样)、“3KU”(thank you 谢谢)、“+U”(加油)。还可将双音节的英语词用谐音缩略成单音节的汉语词,如“猫”(modem 调制解调器)。

三、网络语言中缩略词的特点

(一)缩略词的简洁性

网络缩略词本身就是网民为了节省打字时间而创造和使用的,因此其最突出的特点就是简洁。很显然，输入“5555”、“BS”、“矮穷矬”要比输入“呜呜哭”、“鄙视”、“又矮又穷又丑的人”要简单快捷得多。

（二）缩略词的多样性

由前文可见，在网络交际中，网民为了提高交际效率、加强表达效果，用字母、汉字、数字甚至符号等构成了形式多样的缩略词，丰富了汉语语言文化，同时也体现了人们对语言多样性的追求。

（三）缩略词的诙谐性

许多网络缩略语都很诙谐[⑤]有趣，能使交际氛围轻松愉悦（姜珊 2009；张晓峰 2009）。比如，网络聊天时用“偶像”来指“呕吐的对象”，“贤惠[⑥]”指“闲在家里什么都不会”，“作家”指“坐在家里”等等，听起来风趣幽默，让人不禁一笑。

（四）缩略词的时尚性

随着社会的不断发展，网络缩略语也不断推陈出新。例如，近来新流行的“SOHO”（small office & home office 家庭办公）一词特别用于当下一些追求时尚的自由职业者；而随着流行音乐和 DISCO 的兴起产生了“DJ”（disc jockey）一词，专指从事电子或网络媒体节目播音工作的主持人。此外，具有时尚特征的还有“PK”（play killing）、“DIY”（do it yourself）等。“PK”原指网络游戏中高等级玩家随意杀害低等级玩家的行为，后发展出“对决”等含义；“DIY”则是随着现代生活方式的改变，人们逐渐学会自己动手制作很多手工艺品和组装电脑之类的电器设备而产生的。

四、结语

网络语言中的缩略词是网友为了使用简便、追求新奇和个性而以网络聊天为媒介创造出来的，按其缩略方式可以分为英语缩略、拼音缩略、汉语缩略和谐音缩略等几大类。网络语言缩略词具有简洁性、多样性、诙谐性、时尚性等特征，正是这些特征使得网络缩略词具有了强大的生命力。

参考文献

［1］姜珊．浅析网络语言中的缩略词［J］．哈尔滨职业技术学院学报，2009（4）：124-125.

［2］张晓峰．网络语言缩略词特性浅析［J］．安徽文学，2009（2）：338-339.

（节选自《语文建设》2014 年第 15 期，作者：高岩。有较大改动。）

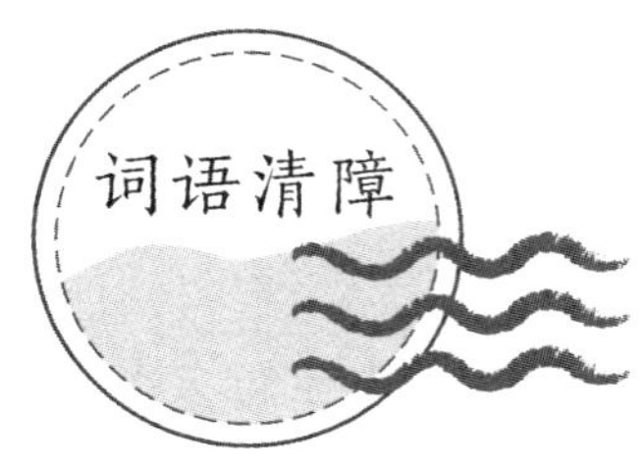

① **荤话**　hūnhuà（名）粗俗下流的话；脏话。如：旅行社严禁导游对游客讲～｜作家不应为了所谓的“真实”、“生动形象”而毫无顾忌地使用～。

② **精英**　jīngyīng（名）在能力上超出同类的人。如：出席会议的都是教育界的～｜年轻人应以成为行业～、社会栋梁为奋斗目标。

③ **骨干**　gǔgàn（名）长骨的中央部分，比喻在总体中起主要作用的人或事物。如：班长是班级管理工作的～｜公司计划拿出专门资金来培养技术～。

④ **白骨精**　báigǔjīng（名）神话小说《西游记》中一个阴险狡诈，善于伪装变化的女妖精。借指善于伪装的极为阴险毒辣的女人。如：“孙悟空三打～”是《西游记》中的经典故事｜再厉害的“～”也逃不过公安人员的眼睛，她们终会落网。

⑤ **诙谐**　huīxié（形）说话有风趣，引人发笑。如：他性格开朗、谈话～，很受大家欢迎｜演员们朴实、自然、～的表演让观众在笑声

中受到了一次良好的道德教育。

⑥ **贤惠**　xiánhuì（形）指妇女心地善良，明白事理，对人和蔼。如：母亲聪明～，赢得了亲友们极大的尊敬｜娶到一位～的妻子是所有男人的梦想。

1. 根据文章内容，用合适的语词填空。

（1）网民创造和使用网络缩略语的目的是____________________。

（2）英语缩略词包括____________和____________两类。

（3）汉语拼音字母缩略词主要是________________、调侃词和________________。

（4）谐音缩略词主要包括____________谐音、____________谐音、____________谐音和混合谐音。

（5）网络缩略语简洁、________________、________________和________________的特点保证了它强大的生命力。

2. 根据文意，判断下列说法的正误，正确的打“√”，错误的打“×”。

（1）缩略语是构成网络语言的重要内容。　　（　　）

（2）单个英语词的缩略形式都与原单词读音相近。　　（　　）

（3）一个词在网络中的意义可能与其原词义完全相反或无关。

（　　）

（4）网络交际中，使用缩略语有时能帮助营造良好的气氛。

（　　）

（5）网络缩略词是网民在网络交际中创造的，与现实社会无关。

（　　）

二、写作训练

1. 梳理论文的完整结构，并完成划线部分内容的填写。

网络语言中缩略词的类型与特点

摘要

____

一、引言

从出现频率、________和________等方面指出网络缩略词在网络交际中的重要作用，进而指出网络缩略词研究之于________________的必要性，在此基础上交代文章的写作________和写作目的。

二、________________________

（一）英语缩略词

（二）________________________

（三）________________________

（四）________________________

三、____________________

（一）缩略词的简洁性

（二）____________________

（三）____________________

（四）____________________

四、结语

总结全文。

参考文献

2. 抓住文章主要内容，对文章进行概括介绍（150字以内），可参考下面的表达。

高岩（2014）对……进行了考察，文章指出……在类型上……，在形式和表达功能方面……，体现了网络交际追求……的特点。

____

____

____

____

____

3. 选用所给词语写一段话，简介你们国家网络语言缩略词的主要类型。

类型　即　一是　二是　三是　例如

三、拓展训练

1. 根据文意在横线上填写合适的语词。

中国人____________________。结婚宴席要办八桌或其他成偶数的桌数；设宴待客要做四道菜或其他偶数量（6、8、10、12道等）菜肴，出单则谓之不恭；结婚贺喜、走亲访友要送偶数的礼品，否则会被怀疑不懂常识，或被认为故意讨人嫌。建筑方面，从都市、宫殿、寺院到一般民家，都具有左右对称的特点。诗歌创作中，对偶成为一个重要的艺术手段；书法、绘画等讲究对称美；古代文化讲究“两点论”等。另外，用成双成对表达吉祥如意、美满幸福之愿望的语言形式不胜枚举，如“送礼成双”“好事成双”“龙凤呈祥”“鸳鸯戏水”“在天愿做比翼鸟，在地愿为连理枝”，等等。与________________相反，日本人崇尚奇数，自古以来就有以奇数为吉为美的数字观念。他们认为奇数为阳，象征吉祥。日本人赠送钱财时，不论数目多少都必定是奇数。平素送礼，捆礼物的绳子也一定是单数。

2. 选词填空。

总的来说　首先　此外　之所以　是因为

在中国，“红”是非常重要的文化元素。________________，在生活中，人们非常喜欢用红色。春节的时候家家户户都要贴用红纸写的对联，给小孩子的压岁钱都用红纸包好，称作“红包”。举办传统婚礼时，人们用红色装饰新房，新娘要穿大红衣裳，盖大红盖头，新郎要披红绸带，戴大红花。____________，凡在汉民族的喜庆活动中，红色都被认为是一种吉祥色。中国人____________崇尚红色，____________他们觉得红色与“五行”中的“火”相对应，能给人们带来温暖和光明，能赶走一切不好的东西，给人带来好运。____________，中国人对“红”的喜爱还表现在语言上。汉语里与“红”有关的词语经常是褒义的，如“开门红”“红火”象征兴旺与成功，“大红人”“走红”表示受欢迎、受重视。

3. 根据短文内容回答问题。

____

雷神崇拜是一种古老且具有全球性的文化现象。费尔巴哈（1937）对此曾有精辟的论断：“甚至在开化的民族中，最高的神明也是足以激起人最大怖畏的自然现象之人格化者，也就是迅雷疾电之神。有些民族除了‘雷’字之外，没有其他字眼来表示神。”并且认为，“连天才的希腊人也干脆把最高之神叫作雷神。那个 Thor 或 Donar，即雷神，在古代日耳曼人，至少北方日耳曼人，以及芬兰人和列多尼人中，也是最老的最尊的最受普遍崇拜的神”。

人们对雷神的崇拜表现在许多方面。人们往往将雷与天帝以及人的诞生紧密联系起来。维柯（1987）指出雷神与宙斯是一回事："拉丁人首先根据雷吼声把天帝叫作'幼斯'（Ious），希腊人根据雷电声把天帝叫作'宙斯'（Zeus）。"而在印第安人眼中，雷神则被作为创造人类的始祖神来看待。他们盛传着这样的故事：当闪电把天空划破时，鲜血从天上滚下，掉在森林的树叶上，于是就有了人的产生（阿平译，1985）。许多地区都流传着关于雷神形象的猜测。美洲、非洲都有雷鸟（Thunder-bird）的传说，人们认为雷是一种鸟，它拍翅膀的声音就是雷声（林惠祥，1989）。中国人也认为雷神具有鸟嘴、鸟爪和翅膀。不少民族和地区有祭祀雷电传统。在中国北方流行的萨满教中保存有一套完整的祭雷的法术，而萨满们在进行该祭祀时所用到的弓箭和木槌就是用雷震木制成的（乌丙安，1989）。与雷电有关的禁忌也颇为常见。例如，中国的北方民族禁食雷击死的动物；蒙古人往往将被雷击死的人送往远处掩埋；一些北方民族甚至认为，被雷击过的地方是禁区，人与动物均不可入内（乌丙安，1989）。

（1）找出第一自然段中表达作者观点的句子，并在下面划线。

（2）在第一自然段中，作者主要运用了________的方法来证明自己的观点。

A. 举例论证　　　　B. 对比论证

C. 引用论证　　　　D. 比喻论证

(3) 根据文意，把“首先”、“其次”、“再次”、“最后”等表示顺序的词填写到第二自然段中适当的位置。

(4) 根据文意，给该文拟一个合适的题目，填写在文首的横线上。

(5) 抓住文章的主要内容，将之缩写为100字左右的短文。

____

____

____

____

____

四、写作知识

（一）毕业论文的基本结构与内容要求

毕业论文是学术论文的一种，是指本科、硕士或博士生为获得毕业资格以及取得相应的学位而撰写的一种学术论文。毕业论文是学生在教师指导下独立完成的研究成果。申请不同学位的毕业论文所需达到的学术质量和字数要求有所不同。其中，本科毕业论文的学术要求相对较低，论文只需分析和解决一个不太复杂的学术问题，字数在8000字左右即可。

本科毕业论文的基本结构主要包括题目、作者信息、摘要、关键词、正文、参考文献。此外，有些论文还可能有注释、附录，有些学校还要求有致谢和目录。

(1) 题目。是简明易懂而又能准确、全面反映论文重要内容的词语组合，一般不超过20个字，必要时可设副标题。如：《“上上会规”与谴责小说〈西游记〉——从孙悟空形象的重新解读切入》。

(2) 作者信息。一般包括姓名、学院、专业、学号、指导教师等。署名，一是为了表明文责自负，二是记录作者的劳动成果，三是便于读者与作者联系或做文献检索。

(3) 摘要。又称“提要”。是对论文内容不加注释和评论的扼要概述，一般在500字左右，包括研究的主要内容、目的、方法、基本结论及结论的意义等。

（4）关键词。又称“主题词”。是从论文当中选取出来的、对表述论文中心内容最具实质意义的词语或词组，一般为3～5个。

（5）正文。是论文的主体和核心部分，其结构形式随着论题的不同可能有所变化，一般包括引言（绪论）、本论和结语（结论）三部分，通常在8000字左右。

（6）参考文献。是作者在撰写论文过程中所参考和引用的已有相关研究及资料的信息列表，所列信息包括文献作者、标题、出版信息和页码等，具体写作格式可能因学校而异。

（7）注释。是对论文正文中某特定内容的进一步解释或补充说明，分脚注和尾注两种。前者是将注释内容置于被释内容同页的页面底部，后者是将注释内容置于正文尾部，参考文献之前。

（8）附录。是论文的补充部分，主要是那些重要但又不宜放入正文的材料，如某些重要的原始数据、结构图、统计表、调查问卷等，通常列于参考文献之后。

（9）致谢。是对为论文的形成做出贡献的组织或个人予以感谢的简短文字。置于论文最后。

（10）目录。是论文的提纲，各级标题层次清晰且均需标明页码，置于摘要、关键词之后，正文之前。

（二）毕业论文的选题

选题即选择、确定论文所要研究论证的问题。选题的好坏，关系到论文研究的成败。学术性是毕业论文选题最基本的要求，同时也要有价值性，要选有一定理论意义或应用价值的课题，而这就要求选题具有某种创新性。此外，还要注意选题的适度性和可行性，要考虑自己的知识结构、业务专长、专业兴趣及调查条件、参考资料、写作期限等多方面因素，尽量选择自己相对熟悉、感兴趣且可参考材料较多或较容易获得的“小题”来大做。

选题并不是一步到位的，可以先确定选题方向，然后再根据相关研究现状选定具体的论题。汉语言专业本科毕业论文的选题方向有多种。一是语言类。又可分为三小类：① 汉语理论研究，如《介词“对”、“对于”用法比较研究》、《“被”字句构成规则探析》；② 汉语应用研究，如《新闻标题中缩略语使用情况考察》、《外语影片汉语译名特点分析》；③ 汉外对比研究，如《汉英语音对比研究》、《汉韩亲属称谓语对比研究》。二是汉语教学类。又可分为两小类：① 汉语习得研究，如《外国留学生22类现代汉语句式的习得顺序研究》、《韩国学生“是……的”句偏误分析》；② 汉语课堂教学相关研究，如《“把”字句教学设计》、《韩国高中汉语教材中文化项目的编排情况考察》。三是文化类，如《中国数字文化研究》、《汉语基本颜色词象征意义研究》。四是语言文化综合类，如《浅析汉英电视广告语言的文化内涵》、《从成语看中韩两国动物文化意义的异同》。五是文学研究，如《〈西游记〉主题思想探源》、《中韩象征主义诗人李金发和黄锡禹对比研究》。

本课参考答案

五、课后作业

1. 自选一篇学术论文，分析其文章结构，并列出大纲。
2. 结合自己的专业兴趣，确定大致的选题。

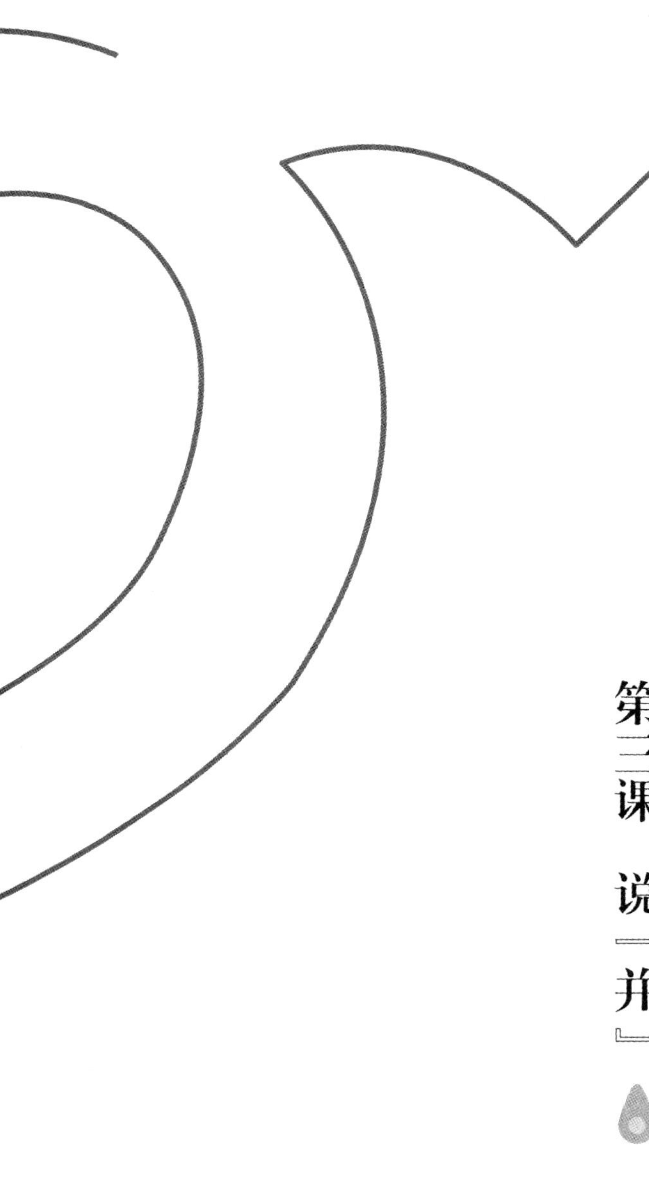

第三课　说『并』

一、阅读分析

说“并”

关于否定词前的“并”的意义或作用，目前学界[①]看法不一，主要可归纳为两种：一是“语气观”，认为“并”一身兼二职，以“加强否定的语气”为主，“略带反驳的意味”为辅；二是“否定观”，认为“并”一身只有一职，其作用只是“否定某种看法”。

从“并”的表义功能来看，我们认为“并”没有强调语气的作用，这可以从以下事实中看出。

有些语句中的“并”完全看不出有加强否定语气的作用，如：

（1）见东阳进来，她并没有起立，而只极吝啬地点了一下头。

（2）她去传达室后，并没有马上回家，而是在那儿与同事谈了会儿天。

如果去掉这两句中的“并”，句中的否定语气并不会因此而减弱。

有些语句因为出现了“并”，看上去反而使否定的语气有所舒缓，如：

（3）a. 老张，你这样做不好。

b. 老张，你这样做并不好。

（4）a. 这样做没有什么问题。

b. 这样做并没有什么问题。

这两例中，b句的“并”如果轻读，看上去其否定语气反而显得比a句弱，即由于出现了“并”反而弱化了句子否定的语气。这说明“并”与否定语气的强弱没有直接的联系。

“并”不是表语气的，其作用是对某一逻辑前提[②]进行否定。假如将“并”所在的小句看成一个判断，即“并非A”，那么这个判断是以A的存在为逻辑前提的，“并”的作用就是用来否定A。例如：

（5）晓荷想辩驳几句，说他到文家去不过是为了几句戏，并无他意。

（6）冠先生似笑不笑地笑了一下：“先别叫好！等着尝尝我要的菜吧！”

“不辣吧？”瑞丰对自己的腹的忠诚胜过了客气。

“真正的川菜并不辣！你放心！”冠先生的眼中发出了点知识渊博的光。

例（5）中否定意义相当明显：通过“辩驳”来否定某一判断，因而用了“并”。例（6）中的瑞丰通过问话表达了自己的看法：川菜很辣，冠先生的回答中用了“并”表示对瑞丰这一看法的否定。

另外，“并”出现的语句所表达的也不像某些学者所说的是“说明真实情况”。虽然从表达方面来说确实有这种倾向[3]，常与表示所说的是实际情况的副词“其实”、“原来”连用，如例（7），但语句所表达的是否为真实情况，是由语句的内容是否符合客观事实而定的，与“并”没有直接关系，“并”并不能保证语句内容的真实性；如例（8）内容虽然为假，但句子却是合乎语法的。

（7）其实，这“第一支笔”文笔并不怎样。

（8）太阳并不一定从东方升起。

（节选自《世界汉语教学》2001年第3期，作者：王明华。有较大改动。）

① **学界** xuéjiè（名）从事同类学术研究的人构成的总体，又称“学术界”。如：爱因斯坦是物理～的名人｜网络语言的规范问题引起了～的高度重视。

② **前提** qiántí（名）事物发生或发展首先要满足的条件。如：爱情是婚姻的～｜提高个人素质的～是接受良好的教育。

③ **倾向** qīngxiàng（名）事物发展的方向；趋势。如：由于电子产品的过度使用，眼睛近视问题呈现低龄化的～｜当下的电视综艺节目存在着低俗化、媚俗化的～。

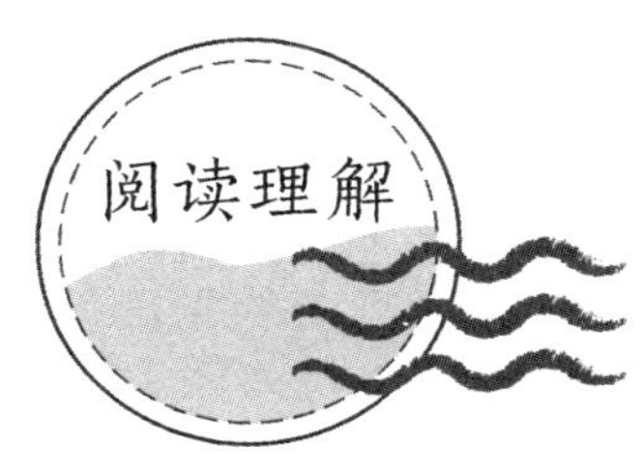

1. 关于“并”的意义，文章（　　）

A. 赞成“语气观”。

B. 赞成“否定观”。

C. 以上两者都不赞成。

2. 根据文意，判断下列说法的正误，正确的打“√”，错误的打“×”。

（1）“语气观”和“否定观”的主要区别在于“并”起几种作用。（　　）

（2）“并”不表语气，用不用“并”句子的否定语气都一样。（　　）

（3）“并”的作用是否定某种已有看法。（　　）

（4）句子是否合乎语法与语句内容是否真实无关。（　　）

二、写作训练

1. 梳理文章写作思路，完成下面的文段。

文章首先指出了关于________________的语法意义学界看法不一这一现状，并将已有观点概括为________________和________________两大类。接下来，文章结合语言实例说明了“并”的使用有时不但________________，而且还有可能________________，因此认为________________。随后，文章提出“并”真正的作用在于________________。文章最后通过举例对________________的观点进行了反驳。

2. 抓住文章主要内容，对选文进行缩写（150字左右）。

____

____

____

____

____

三、拓展训练

1. 阅读短文，回答问题。

"并"能表示多种语法意义，其中之一是加强否定语气。如例（1）中的"并"，对"不知道他要来"这个否定结构起着加强否定语气的作用。

（1）我并不知道他要来啊！

然而，也不是随便什么时候都能用"并"来加强否定语气。只有当说话人为强调说明事实真相或实际情况而否定或反驳某种看法（包括自己原先的想法）时，才用语气副词"并"（陆俭明、马真，1985）。下面的例子能清楚地说明这一点：

（2）——"他的态度是不是有一些变化?"

——"并没有什么变化，还是坚持原来的意见。"

（3）我以为他也去中国了，谁知他并没有去。

（4）——"你再吃一点儿。"

——"*我并不能再吃了。"

（5）——"李敏，你就向慧玉小姐赔个不是，事情不就解决了吗?"

——"*我并不向她赔不是!"

例（2）中，问话人明显含有以为“他的态度有所变化”的意思，所以答话人能用“并”来加强否定语气。例（3）是说话人否定自己原先的想法，用“并”来加强否定语气，以强调说明实际情况。例（4）中，针对对方的建议，答话人回答的意思是“我不能再吃了”，这明显不属于辩驳性的否定，所以用“并”不合适，若真想加强否定语气，宜将“并”改为“确实”。例（5）中，针对对方的劝诫，答话人的回答从性质上看也不属于辩驳性的否定，而纯粹属于表示自己意愿的性质，所以也不能用“并”，若想加强否定语气，宜改为“就（是）”或“偏”。

根据上面分析的实例，我们大致可以对语气副词“并”的语法意义做这样的概括：加强否定语气，强调说明事实不是对方所说的、或一般人所想的、或自己原先所认为的那样。

（节选自《世界汉语教学》2001年第3期，作者：马真。有改动。）

（1）根据文意，下面说法不正确的一项是（　　）

A.“并”的语法意义不止一种。

B. 用“并”来加强否定语气时要满足一定的条件。

C. 对别人的建议、劝诫做否定回应时可以用“并”来加强语气。

D. 同“并”一样，“确实”和“偏”也都有加强否定语气的作用。

（2）结合前面《说“并”》一文的内容，用适当的语词完成下面的表格。

<table>
<tr><td colspan="2"></td><td>马真（2001）的观点</td><td>王明华（2001）的观点</td></tr>
<tr><td rowspan="3">否定词前“并”的作用</td><td>语气方面</td><td></td><td></td></tr>
<tr><td>否定方面</td><td></td><td></td></tr>
<tr><td>语句内容方面</td><td></td><td></td></tr>
</table>

（3）结合上表，对短文和选文《说“并”》的内容进行对比性概括介绍，可以参考下面的表达。

关于否定词前“并”的语法意义，马真（2001）和王明华（2001）……。马真（2001）认为，……。王明华（2001）……，但……，此外，……，……。

____

____

____

____

____

2. 阅读材料，完成练习。

《西游记》前七回主要包括孙悟空出世、拜师学艺、收复水帘洞、闯龙宫、闹地府、三上天宫等内容。孙悟空是东胜神洲海东傲来国花果山的天然石猴，这种出身使孙悟空生来就较少受到伦理道德的束缚，具有更多的行动自由。为寻件称手兵器，他大闹龙宫；为勾销幽冥界猴属名籍，他又大闹地府；被招安后，他见到玉帝也“不拜伏参见”，“众臣叫谢恩，他也只朝上唱个大喏”。由此看来，在孙悟空眼里没有什么王权、玉帝、等级、礼法，一切都是平等的。也正因此，在得知被封的弼马温只是个“未入流”的小官后，他咬牙大怒道：“这般藐视老孙！”狂怒之下，打回花果山，并要求玉帝必须封他为“齐天大圣”；在意识到被封的“齐天大圣”也是个虚名后，他大闹蟠桃园。这些都是由孙悟空强烈的主体意识所必然导致的对人格尊严的维护。在大战天界诸神被抓，被封八卦炉锻炼七七四十九天而最终逃出丹炉之后，他更是狂怒地大闹天宫。后在如来佛的威胁和斥问下，他也毫不畏缩，提出让玉帝“搬出去，将天宫让与我”的要求。这是冲破等级界限、跳出王尊臣卑的窠臼、由无名辈向最高王权的跃进和挑战。而“皇帝轮流做，明年到我家”，则是孙悟空大胆叛逆的宣言，表现了他自我意识的苏醒和自我价值的张扬。不难看出，前七回的孙悟空是一个反对束缚、追求自由、蔑视等级、否定权威、敢作敢当、战天斗地的大英雄。

（1）找出文中表明作者观点的语句，并在下面划横线。

（2）作者讨论的主要问题是《西游记》前七回（　　）

A. 主要情节和内容。　　　　B. 作者的读后感。

C. 描写孙悟空的方法。　　　D. 孙悟空的形象特点。

3. 把下面的句子按正确顺序排列成语段，并回答问题。

① 大闹天宫是《西游记》前七回的主要内容。在前七回中，作者

虽然竭力渲染了孙悟空奇异的出生和非凡的本领，但更突出了他身上的妖精气。

② 他交往的又是牛魔王之类的吃人肉的妖怪。他与吃人肉这一妖怪特征是脱不了干系的。

③ 例如，耍无赖，坐龙宫强索金箍棒；闯地府，强消名号；闹天宫，偷吃丹元等。一举一动随心所欲，任性而为，不分是非正邪，其后果往往有极大的破坏性。

④ 由此看来，前七回的孙悟空就是个"没收没管"的妖魔。

⑤ 而他的所作所为不仅仅是扰乱了神界，还扰到了人间。

⑥ 吃人肉是书中妖怪最大的特征。虽然前七回没有提到孙悟空吃人肉，但后来他却经常回忆到这一点："老孙在水帘洞内作妖魔时，若想人肉吃，便是这等：或变金银，或变妆台，或变醉人，或变女色，尽意随心，或蒸或煮受用；吃不了，还要晒干了防天阴。"（第二十七回）对吃人肉的程序娓娓道来，了如指掌。

⑦ 实际上，小说中由妖而佛的例子比比皆是，近有猪八戒、沙和尚，远有红孩儿、熊罴怪等，所以，他在修成正果前曾为妖魔并不是一个特例。由此也可以进一步得出：前七回的孙悟空是一个道心未稳、本领极大、非常任性的妖魔。

（1）上述各文段的正确排列顺序是：

____→____→____→____→____→____→____

（2）从文中找出下列问题的答案。

① 作者的观点是：

____

② 理由之一是：

____

③ 理由之二是：

____

④ 理由之三是：

____

（3）本材料与第 2 题材料讨论了同一问题，请选用下面的词语对两文的内容和观点进行对比性概括介绍。

探讨　主张　认为　而　则

____

____

____

____

____

四、写作知识

（一）文献资料的搜集

文献资料指对论文写作有参考价值的图书资料，主要包括图书、期刊论文、会议论文、学位论文和学术报告等。文献资料的搜集是写作毕业论文的基础。其目的主要有三方面：一是了解研究现状，如现有研究成果、研究重点，已解决和尚待解决、修正的问题，以便找准自己研究的起点，更准确地确定具体研究课题，避免重复劳动；二是了解相关学术理论、研究方法、研究思路及写作思路，以便学习、模仿进而争取有所创新；三是为自己的研究寻找必要的材料和论据。

文献资料的搜集主要可借助图书馆、各类数据库（中国知网、超星、万方、方正、人大复印报刊资料等）、网络搜索平台（百度学术、Google 学术等），也可借助手头已有文献的参考文献获知文献资料信息。

（二）文献内容的概括介绍

搜集文献资料后，不但要对文献进行阅读，还需记录文章的主要内容，以备写作毕业论文时进行文献综述以及引作论据之用。下面是概述单篇文献内容时的几种常见表达。

（1）单纯阐述观点："作者（年代）认为/主张/指出……"

如：全君君（2012）认为"一直"与"一向"作为时间副词，在语义层面最大的差异在于时间辖域的不同。

（2）介绍研究角度并阐述观点："作者（年代）从……角度/视角出发，认为/主张/指出……"

如：戴浩一（1990）从认知角度出发，认为动词重叠是由语义决定的。

（3）介绍研究对象并阐述观点："作者（年代）对……进行了分析/考察/探讨/讨论/论述，认为/主张/指出……"

如：邓小宁（2002）对时间副词"一直"和"一向"进行了全面的分析，认为二者在语义层面上存在着静态与动态、长时与短时、习性与非习性以及使用时态上的成系统的对立。

（4）介绍理论出发点、研究内容及结论："作者（年代）基于……理论/在……理论的指导下，对……进行了分析/考察/探讨/讨论/论述，认为/主张/指出……"

如：白鸽（2015）在语言库藏类型学显赫范畴理论的指导下，对"定冠词＋NP"的类指功能进行了探讨，指出定冠词适用范围越广、使用强制性越高，则相应的"定冠词＋NP"类指功能越高。

（5）介绍研究方法、研究内容及结论："作者（年代）基于……的方法，对……进行了分析/考察/探讨/讨论/论述，认为/主张/指出……”

如：崔栽源（2017）基于调查统计的方法，对韩国留学生“是……的”句的偏误类型进行了考察，指出遗漏型偏误（特别是“的”的遗漏）最常见，错序型也较多且类型较杂，误代型偏误相对少见。

本课参考答案

五、课后作业

1. 阅读材料，回答下面的问题。

从孙悟空见玉帝只唱个喏、不下跪这一细节中，可以看出孙悟空不同于天宫官员们的高傲大胆，但不能以此断定他是反叛的。理由有三：孙悟空不经世事，不知天官礼节，傲为不礼，符合常情。玉帝就认为“孙悟空乃下界妖仙，初得人身，不知朝礼”，而没有责怪他。孙悟空不给玉帝下跪，源于其高傲自尊的好汉性格。“老孙自小儿做好汉，不晓得拜人，就是见了玉皇大帝、太上老君，我也只唱个喏罢了。”这其中不仅没有平等意识，而且明确承认玉帝的崇高地位，他之所以这么做，很大程度上是为了满足自己的虚荣心和自尊心。孙悟空从来没有否定玉帝作为最高天神的地位和权威。玉帝封的官，分派的职务，他都尽心尽职。他还认为只有玉帝封的官才是合法的，他才当得名正言顺。要玉帝封他为“齐天大圣”一事就是最好的证明。

（1）请将表示顺序的“其一”、“其二”、“其三”放到文中合适的位置。

（2）说一说本材料可以用来支持或反驳“拓展练习”部分第 2 和 3 两题中哪一题材料所表达的观点。

2. 结合你之前选定的选题，从中国知网、超星等电子文献数据库中搜集下载3篇相关研究文献，阅读后分别对它们的主要内容进行概括介绍。

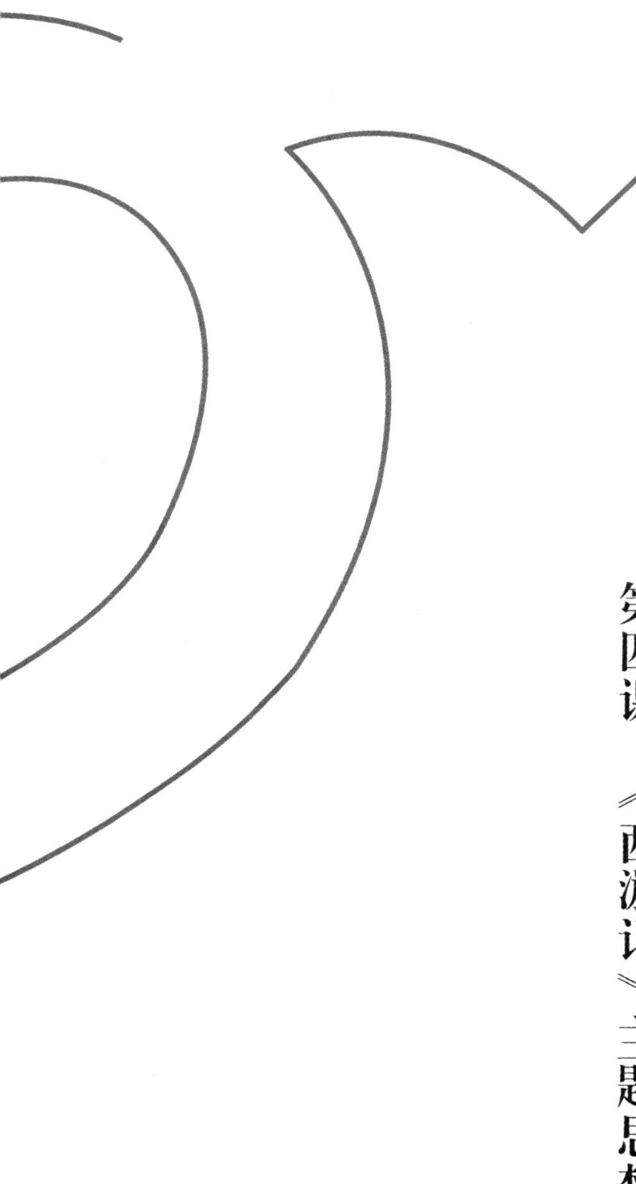

第四课 《西游记》主题思想探源

一、阅读分析

《西游记》 主题思想探源

《西游记》中孙悟空在前七回中大闹天宫、斗天斗地，在后八十七回却回过头来皈依佛门，保护唐僧西天取经。孙悟空形象的这种矛盾和转变，给《西游记》主题思想的研究带来了困难。关于该问题，研究者们众说纷纭[①]。

张天翼（1957）主张“正邪相争，邪不敌正说”，认为“神是正，魔是邪，而邪不敌正。这就构成了这个取经故事的主题”。不过，该文同时指出，《西游记》并非宣扬了封建统治阶级惩恶劝善的滥调[②]，而是在“卫护封建正统的故事主题和题材里，却多多少少表现了人民的反正统情绪”，“多多少少表现了些人民性[③]”。胡念贻（1957）则认为《西游记》前后表达了两个不同的主题，李希凡（1959）及游国恩（1964）等其他一些学者亦持类似观点。“两个主题说”认为，前七回的主题是歌颂反抗精神，孙悟空大闹天宫的故事是对中国历史上无数次农民起义、农民反抗封建王权的斗争在幻想世界的高度概括；后八十七回歌颂斗争精神，通过孙悟空取经途中不屈不挠、降魔伏妖、勇往直前的表现，曲折地反映了中国古代人民摧毁社会上一切邪恶势力以及战胜困难、征服大自然的愿望和决心。而刘远达（1982）却认为《西游记》是"精心塑造和热情歌颂了以孙悟空为代表的一群向封建统治者'悔过自新'、'改邪归正'的艺术形象"，是一部宣扬"破心中贼[④]"、"企图瓦解[⑤]农民起义的政治小说"。傅继俊（1982）持类似观点，提出了"反动说"，认为《西游记》旨在通过孙悟空始而造反、后又变节投降的故事说明一个"哲理"：封建统治天经地义[⑥]，任何力量也改变不了，被统治者只有死心塌地为统治阶级卖命，才会有好处，才能找到出路，因此《西游记》的主题"是反动的，为统治阶级服务的"。

上述四种观点，可进一步概括为两大类：第一类是张天翼、胡念贻、李希凡、游国恩等学者的观点，他们都肯定了《西游记》的主题思想，故而对整部作品的评价也较高；第二类是刘远达、傅继俊的否定观点，他们对《西游记》整体评价也偏低，刘远达（1982）甚至认为："无论就思想内容来说，还是就艺术成就来说，《西游记》都很难说是我国优秀的古典小说之一。"

综合来看，在对《西游记》主题思想的探讨上，研究者们都进行了深入思考，虽然看法分歧很大，但切入点是相同的，都是从前七回与后八十七回的矛盾入手，努力去解答这一矛盾。显然诸学者们对文本本身的解读已陷入症结，或许可以从文本以外的东西找到线索，如《西游记》作者的背景及其价值观和政治态度等，可惜目前尚未有学者从这一角度进行尝试。

参考文献

[1] 傅继俊．我对《西游记》的一些看法［J］．文史哲，1982（5）：65-70.

[2] 胡念贻．《西游记》是怎样的一部小说［C］//作家出版社编辑部．西游记研究论文集．北京：作家出版社，1957：32-38.

[3] 李希凡．漫谈《西游记》的主题和孙悟空的形象［J］．人民文学，1959（7）：94-100.

[4] 刘远达．试论《西游记》的思想倾向［J］．思想战线，1982（1）：27-32.

[5] 游国恩．中国文学史（四）［M］．北京：人民文学出版社，1964：935-941.

[6] 张天翼．《西游记》札记［C］//作家出版社编辑部．西游记研究论文集．北京：作家出版社，1957：1-16.

（节选自《思想战线》1987 年第 3 期，作者：冯杨。有改动。）

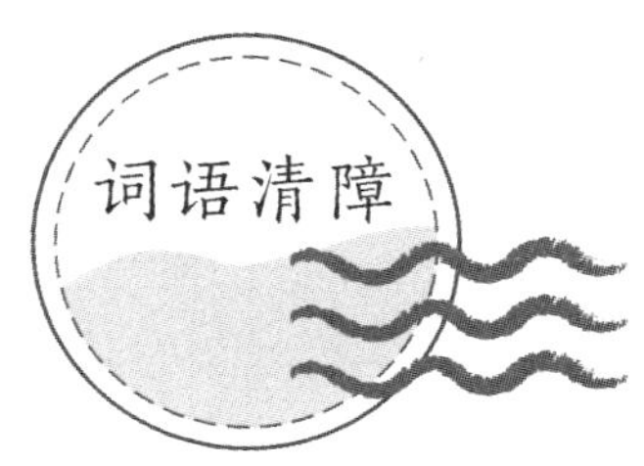

① **纷纭**　fēnyún（形）（言论、事情等）多而杂乱。如：教育改革应怎样进行，专家们意见～｜对于新领导上任后中国的方针政策是否会有大变化，国际舆论猜测～。

② **滥调**　làndiào（名）叫人腻烦的、不切实际的言辞或论调。如：作文最忌套话连篇，满纸陈词～｜近日，中国政府对个别台独分子在公开场合的反华～进行了强烈谴责。

③ **人民性**　rénmínxìng（名）指文艺作品中对人民大众的生活、思想、情感、愿望等的反映。如：杜甫的诗大多控诉百姓的苦难，富于～、正义感｜在早期研究中，不少人只将《红楼梦》作为个人、家庭性的作品加以评价，而忽视了其中的社会性、～。

④ **破心中贼**　pòxīnzhōngzéi（成）出自《王明阳全集·与杨仕德薛尚谦书》中的“破山中贼易，破心中贼难”，意指战胜自己内心的黑暗。

⑤ **瓦解**　wǎjiě（动）（使对方的力量）像瓦片一样崩溃或分裂。

如：许多的封建传统都在自由民主思潮的冲击下～了｜移动设备正在逐步～个人电脑的市场。

⑥ **天经地义** tiānjīng-dìyì（成）（道理、情况等）非常正确、不容置疑。如：欠债还钱，～｜许多男性认为，与年轻女性一起进餐时男方付钱是～的，否则他们会感到非常没面子。

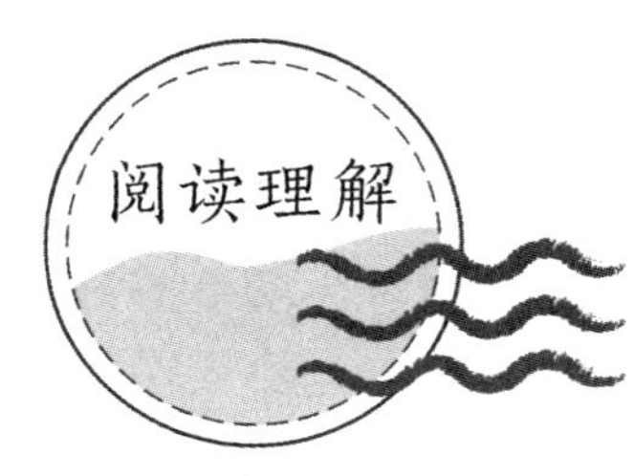

1. 文章的主要内容是（　　）

A. 孙悟空的艺术形象。

B. 孙悟空形象的前后矛盾性。

C. 《西游记》的主题思想。

D. 学界关于《西游记》主题思想的看法。

2. 根据文意，判断下列说法的正误，正确的打“√”，错误的打“×”。

（1）“《西游记》的主题思想”是一个值得探讨而又不容易弄清的课题。（　　）

（2）关于《西游记》的主题思想，学界尚未达成一致意见。（　　）

（3）张天翼与胡念贻在《西游记》是否具有人民性的问题上意见不一。（　　）

(4) 刘远达与傅继俊都认为《西游记》是为统治阶级服务的。
( )

(5) 相对来说，刘远达（1982）对《西游记》的写作水平评价最低。
( )

(6) 作者认为现有研究的切入点不好。 ( )

二、写作训练

1. 梳理文章写作思路，完成下面的文段。

文章围绕________________这一主题对现有研究文献进行了梳理。文章首先指出了学界关于该问题____________这一总体研究现状，而后对已有的四种主要观点逐一进行了介绍：一是________________，以__________为代表；二是__________，以__________、__________和__________等为代表；三是“破心中贼说”，以刘远达（1982）为代表；四是__________，以__________为代表。在此基础上，文章进一步将这四种观点概括为__________和__________两大类，并指出两类看法虽有分歧，但都是以________________________为研究的切入点而得出的，而未有学者从其他角度进行过探讨。

2. 抓住文章主要内容，对选文进行缩写（250 字左右），可选用下面的语词。

关于　学界　众说纷纭　目前　认为　一是，二是，……

____

____

3. 根据你对《西游记》的理解，说说你对文中两种观点的看法，并说明理由。

三、拓展训练

1. 阅读材料，回答问题。

1923年胡适发表《〈西游记〉考证》，引发了学界关于孙悟空原型的争论，而学界至今未达成较为一致的认识。现有说法主要可归纳为三大类。一是“国货说”，认为孙悟空产生于中国自身古老的神话传说系统，但在原型的具体归属上却众说纷纭，有说是淮涡水神无支祁（鲁迅，1922，1923；吴晓玲，1958；刘毓忱，1984；等等），有说是道教中的“修炼猿”（龚维英，1984；石菲，2005），更有说是夏启（张锦池，2003）。二是“进口说”，认为孙悟空本自印度神猴哈奴曼与那罗等（胡适，1923；陈寅恪，1930；陈邵群、连文光，1986）。三是在前两者基础上的“中外混血说”，即孙悟空是《西游记》作者结合中印两国神话及宗教中的相关元素创造出来的形象，并非单纯来自中国或印度，但这里面有人说是以“中”为本（萧兵，1982；巴人，1984），有人说是以“外”为本（季羡林，1980）。综观已有研究可见，除个别学者外，多数研究者主要停留在对鲁迅、胡适两家观点的袭取、补充和分析上，而没有尝试发掘更深更新的材料，如艺术雕塑、宗教壁画等。这恐怕是造成该研究长时间处于各执一端的局面，而未能有突破性进展的根本原因。

（1）关于《西游记》中孙悟空的来源，文中具体提到了哪些观点？

（2）作者认为目前孙悟空原型研究存在什么问题？

（3）猜一猜文段末句中的“各执一端”是什么意思，并用该词改写句子。

与会者都认为自己说得有道理，争论了一下午，也没达成一致意见。

2. 阅读下文，完成练习。

亲属称谓研究在现代汉语词汇研究中占有非常重要的地位，受到了学者们的广泛关注。根据研究侧重点的不同，我们将现有研究成果分类梳理如下。

一是亲属称谓体系的研究。此类研究主要围绕亲属称谓的特点及类型展开。特点方面，刘丹青（1983）提出，汉语亲属称谓包含两个基本关系，即生育关系和婚配关系，以及两个附着关系，即同一关系和年龄长幼关系；潘文和刘丹青（1994）则进一步将汉语亲属称谓的主要特点概括为：长幼有序、男女有别、亲疏有别、血亲姻亲有别。类型方面，王安节（1990）将汉语的亲属称谓分为父系、母系、夫系、妻系、兄弟姐妹系、儿孙系、堂亲系、表亲系、合称和泛称等十类；曹炜（2005）则结合使用场合将之分为直系面称、直系背称、旁系面称和旁系背称四大类，并指出无论直系旁系，背称均多于面称，且有的兼跨背称、面称两类。

二是亲属称谓语形层面的研究。又可细分为三类。首先是方言中亲属称谓词的变读问题。米青（1984）最先指出山西方言中存在通过变读声、韵、调的方式来构成不同亲属称谓词的现象；汪维辉（1991）、孙立新（1996）随后也介绍了宁波和陕西个别方言点的此类现象。其次是个别亲属称谓词的词缀化问题。如，罗湘英（2000）分析了亲属称谓词词缀化后语素义的变化、构词时的分布及其词缀化的原因。再是个别亲属称谓词的音义来源问题。如，周远富（2000）讨论了表“父亲”义的“爸爸”、“爹”和“爷、翁”等词的音韵特点及其源流关系；方壮猷（1930）、胡双宝（1980）则对“哥”的历史来源、唐代以“哥”指“父”的现象等进行了考察。

三是亲属称谓语义层面的研究。此类研究大多集中探讨某个/组亲属称谓词。如，杨汝明（2003）、张昀（2006）等讨论了“小姐”一词的语义流变；马丽（2007）考察了“兄”“弟”“姊”“妹”四个词从亲属称谓向社交称谓泛化、从宗教文献向世俗文献扩散的过程。

四是亲属称谓语用层面的研究。又可细分为三类。首先是亲属称谓语用规则的研究，如苏静、路佳（2002）、李树新（2004）。其次是亲属称谓的泛化问题，如潘攀（1998）讨论了亲属称谓泛化为社会称谓的现象。最后亲属称谓的社会、文化研究，如黄涛（2001）通过调查村民交往中频繁使用亲属称谓词的现象，指出拟亲属称谓制具有凝聚和分层功能。

由上可见，学界关于现代汉语亲属称谓的研究成果已经相当丰富，角度多样，涉及面广。但同时也不难看出，在有些问题上学者们尚未达成一致意见，而有些现象，如亲属称谓的教学与习得情况等，还未受到学界的关注。

（1）文章的主要内容是（　　）

A. 汉语亲属称谓的特点。　　B. 学界对汉语亲属称谓的看法。

C. 汉语亲属称谓的研究现状。　　D. 汉语亲属称谓研究的分类。

（2）根据文意，下列说法不正确的一项是（　　）

A. 从研究内容和角度来看，现有汉语亲属称谓研究是多元化的。

B. 汉语亲属称谓词可以从多个角度进行分类而得出不同的结果。

C. 亲属称谓词变读现象，即一个称谓词有一个以上不同的读音。

D. 许多亲属称谓词发展出了称呼非亲属的用法。

（3）根据文章内容，把下面的写作思路图补充完整。

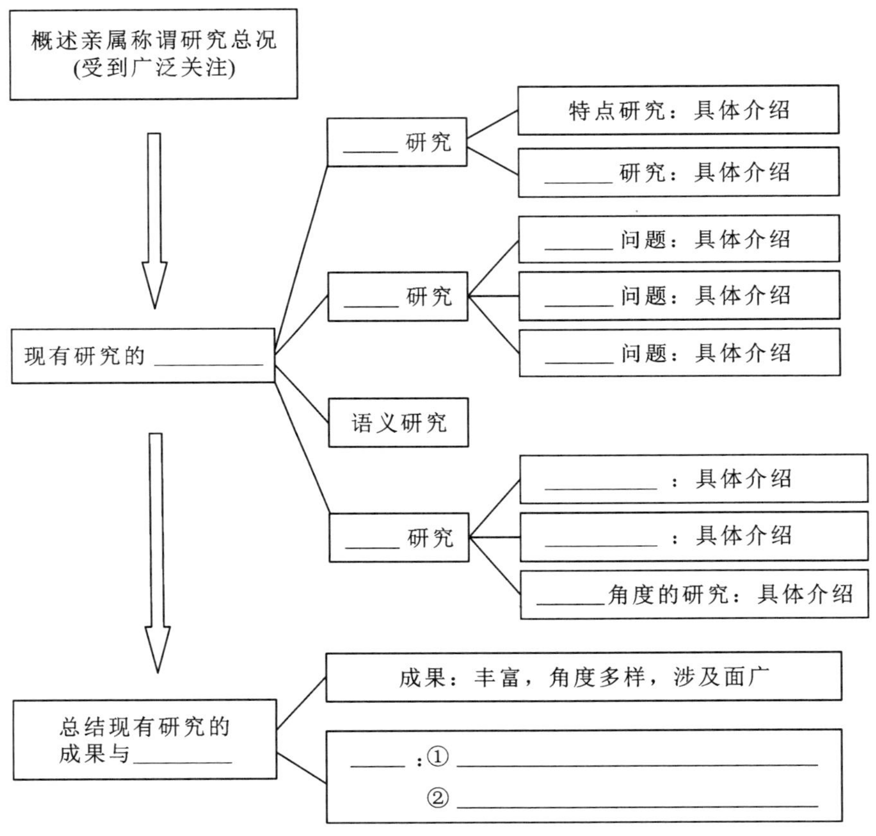

四、写作知识

文献综述的写作

文献综述是在对大量文献进行广泛阅读、整理筛选、分析综合的基础上，对某一特定学科、专业或专题的研究历史、最新动态、研究成果及不足之处等内容所做的综合性介绍。从内容所涉及的层面来看，可分为学科领域性研究综述和专题性研究综述。前者重在介绍某一学科发展的历史沿革，归纳整理主要的研究流派、学术观点、研究热点等；后者重在介绍某一具体课题的研究角度及侧重点、主要结论、学界争议之处、尚待研究的问题等。本科毕业论文中的文献综述属于后者。从独立性来看，文献综述可分为单篇式和非单篇式两类。前者独立成文，后者则只是论文中的一部分。本科毕业论文中的文献综述通常是引言的一部分，其撰写目的主要在于交代论题的研究现状，突显论文区别于已有研究的独特价值。

写作文献综述时，要紧密围绕论文选题进行。一般先总述现有研究的多寡，而后按照发表时间或研究角度、研究内容、理论基础、研究方法、主要观点等的不同对已有文献进行分类介绍。介绍时切忌简单罗列条目，而应注意文献之间（特别是观点上）的关联，进行必要的分析比较。最后总结现有研究的成果、不足之处，并指出有待修正、探讨或深入的问题。下面是文献综述中的一些常见表达。

（1）总述相关文献的数量。

① 文献数量多：

A. “学界对/关于……的研究，成果丰富。”

B. “……（问题），引起/受到了学界/学者们的广泛关注。”

C. “……问题，一直是学界关注/讨论的热点问题之一。”

② 文献数量少：

A. “学界关于……的研究成果为数不多/寥寥无几/只有寥寥数篇。”

B. “对于……，学界目前鲜有（专门的）论述。”

（2）总述不同文献观点上的异同。

① 多种观点：

A. “关于……，学界/学者们看法/观点/意见不一。”

B. “学界/学者们对……（尚）未达成一致/共识。”

② 观点统一：

A. “关于……，学界/学者们观点一致。”

B. “关于……，学界/学者们有一个共识/已达成共识。”

（3）对比不同观点的异同。

① 观点相同或类似：

A. “XX 与 YY 持相同/类似观点，都认为……。”

B. “XX 认为……，YY 亦持相同/类似观点。”

C. “XX 认为……，YY 对此表示赞同。”

D. “XX 认为……，YY 则进一步指出……。”

② 观点不同：

A. “XX 认为……，（而）YY 则认为……。”

B. “XX 认为……，YY 对此提出质疑/异议……，认为……。”

C. “XX 认为……，YY 认为该观点值得商榷。YY 指出……。”

D. “XX 认为……，YY 与之进行了商榷。YY 指出……。”

（4）对研究现状的总结。

A. “由上文可见，前辈时贤对……已经做了很多有益的研究，但是前人的研究多从……角度出发，而忽视了……。”

B. “综上可见，关于……，学界已经取得了丰富的成果。然而，现有研究多集中于……，而对……缺乏足够的关注。”

C. “显然，学者们对……已经进行了相当充分的研究，但是尚未有学者从……方面/角度对……进行分析，对……的研究也还有待进一步深入。”

本课参考答案

五、课后作业

1. 将下表中的各家观点进行梳理归类，然后仿照选文写一篇研究综述，可选用下面的语词。

众说纷纭　认为/主张　持……观点　表示赞同　提出异议/质疑

文献	动词重叠的语法意义
王力（1944）	“短时貌。”
吕叔湘（1944）	“短时相”，“有时又可有尝试之意，可称为‘尝试相’。”
俞敏（1954）	“重叠是表达‘一下’的意思的。这个语法范畴叫‘量’。”
王环（1963）	“表示常常发生动作，有轻松悠闲的意味，或表示通过这些动作，很容易地就把时间打发掉了。”
李人鉴（1964）	“尝试”这层意思是整个句子或是跟动词重叠式同现的“看看”、“试试”表示出来的，不是单纯地依靠动词重叠表示的
赵元任（1979）	“动词的尝试态”
朱德熙（1982）	“概括地说，动词重叠式表示动作的量。所谓动作的量可以从动作延续的时间长短来看，也可以从动作反复次数的多少来看，前者叫作时量，后者叫作动量。”
刘月华（1983）	有些动词重叠，表示经常性的、反复进行的动作，表达功能包含轻松、随便的意味
李珊（1993）	动词重叠表示“时量短和动作小常常是结合在一起的”，“纯表动量小的有一些，纯表时量短的找不到一条”

续表

文献	动词重叠的语法意义
戴耀晶（1997）	“短时性是动词重叠的本质属性。”
朱景松（1998）	“重叠式本身并无尝试义”，其语法意义可以“归结为三个方面：减弱动作、行为、变化的量，延续动作、行为、变化的过程，强化动作、行为、变化的能动性”，其中“强化能动性是动词重叠式最根本的意义”
李宇明（1998）	“动词重叠主要起的是调整动量的作用。即重叠式与其基式相比，有些重叠表示动作反复的次数少、持续的时间短，有些重叠表示‘多量’。”
邵敬敏、吴吟（2000）	“［＋轻量］［＋少量］是动词重叠的核心意义，［短时］是动词重叠的派生意义。至于［＋祈使］ ［＋轻松］则是动词重叠的格式意义。”

2. 结合自己之前确定的选题方向，搜集更多的相关文献，尝试撰写研究综述。

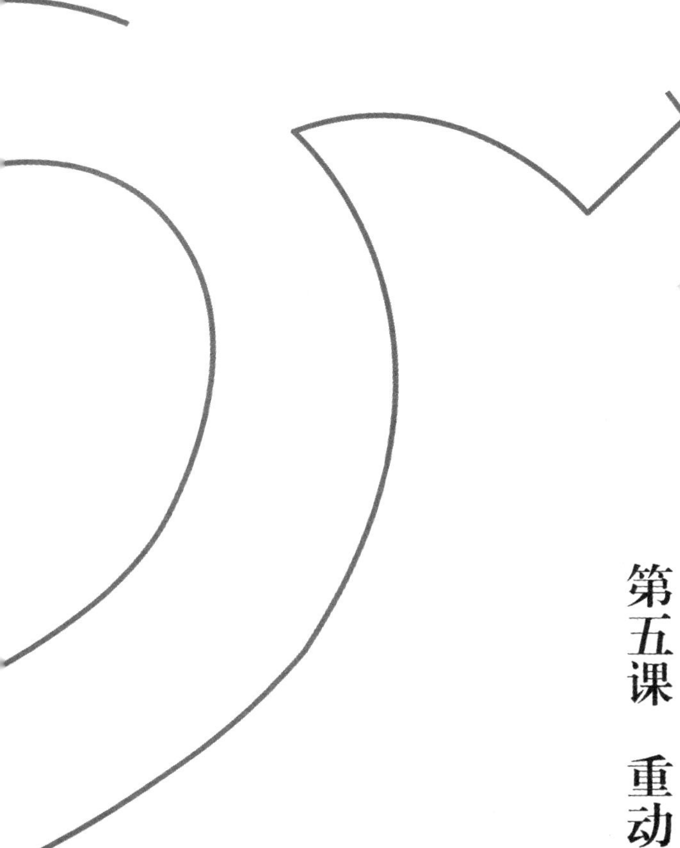

第五课　重动句原因解释功能分析

一、阅读分析

重动句原因解释功能分析

引言

汉语中的重动句是指这样一类特殊句式：动词（或动词性语素）重复出现，前一个动词（或动词性语素）带有宾语，后一个相同成分带补语，如“喝酒喝醉了”、“回家回得晚”。重动句在现代汉语口语和口语色彩较浓的文学作品中使用频率较高，同其他句式相比有其特殊的句法构成和语义语用功能，同时也是汉语区别于其他许多语言的一种特色句式。因此，重动句研究是人们全面了解汉语特点的一个重要课题。

王力（1944）最早观察到这一现象，并认为其成因是为了让宾语和补语都不与动词分开。这一看法被概括为“宾补争动”。胡附、文炼

（1955）、丁声树（1961）、赵元任（1979）等均持相同观点。戴耀晶（1998）的“邻接原则”[1]本质上也与此无异。而黄正德（1982，1988）从生成语法理论出发对重动句提出了新的解释，认为动词重复是汉语中“短语结构条件”的制约造成的。戴浩一（1990）又从认知角度出发，指出动词重出是对持续的动作状态临摹①的表达。项开喜（1997）则从表达功能出发，指出重复动词是为了突出、强调动作行为的超常性。李讷、石毓智（1997）还从历时②的角度对重动句进行了解释，认为这与动补结构的兴起和发展有关，而其形式来源是一种话题结构。

此外，不少学者还对重动句的结构形式进行了研究。李临定（1980，1986）考察了重动句的句式变化形式。秦礼君（1985）讨论了重动句的结构特点、类别、句法功能、结构内各成分之间的关系。刘维群（1986）论述了重动句中动词的特点、修饰成分的位置、补语的类别和否定词的位置。范晓（1993）集中探讨了“得”字重动句的特点及其变换形式。唐翠菊（2001）区分了致使性重动句和非致使性重动句，并从句法、语义结构等角度说明了制约重动句是否强制使用的各项因素。

综观上述研究成果，前辈时贤③多重视对重动句结构形式的分析以及对宾补同现时重复动词现象的解释，而且这些研究基本上都是基于单句的考察。然而，语言不只是静态的，不只具有结构形式和意义内容，而是动态的，它总在一定的表达应用之中。人们不会单讲一个重动句，它总是在某特定语境中与上下文语句共现的，但是前人在这一点上的研究很不够。有鉴于此，本研究拟在动态研究的基础上，从功能和语篇角度考察具体语境对重动句的选择、制约，探究重动句所依存的话语、篇章具有的特征。希望本研究的结果能有助于深化人们对重动句的了解，有助于推动重动句及整个汉语特殊句式的进一步研究。

---

［1］戴耀晶（1998）用“邻接原则”对动词重复现象进行了解释：重复使用动词可以让动词既同补语邻接，也同宾语邻接，在句法形式上将一个事件做了分解的陈述。

（节选自北京语言大学硕士学位论文，作者：魏扬秀。有改动。）

① **临摹**　línmó（动）模仿（书画等）。如：练习书法通常都从～名家字帖开始｜有学者认为，学绘画时过多地～会压制学生的思维和想象。

② **历时**　lìshí（形）指历史发展中不同时代的（与“共时”相对）。如：语言的～研究，是指关于语言在不同历史时期的发展变化的研究｜要真正了解汉字，就需要对汉字进行从古到今的～考察。

③ **时贤**　shíxián（名）当代贤能的有声望的人。如：本人借此小文提出心中疑惑，向诸位前辈～请教｜本文尝试根据新出材料以及～研究的新成果，对《尚书》进行重新解读。

1. 根据文章内容，用合适的语词填空。

（1）重动句中的“重动”即指________________，其中前一个带有________，后一个带________。

（2）王力（1944）等的“宾补争动”与戴耀晶（1998）的“邻接原则”这两种说法的本质内容都是________________。另外，还有学者从________、________、________、________等角度对重动句的成因进行了解释。此外，还有些学者就重动句的________进行了探讨。

（3）本研究与已有重动句研究的根本区别在于：后者基本上都是基于________的静态研究，而前者则是一种________研究。

2. 根据文意，判断下列说法的正误，正确的打“√”，错误的打“×”。

（1）重动句主要用于口语语体。（　　）

（2）重动句中动词重复是为了与宾语、补语都不分开，这已成为学界共识。（　　）

（3）“宾补争动说”与“邻接原则说”本质上是一样的。（　　）

（4）重动句的结构形式研究可以从多个方面进行。（　　）

（5）语言的动态研究不仅要考察单个句子，还要考察该句子的上下文。（　　）

3. 阅读文章最后一段中划线的句子，回答问题。

（1）这句话主要交代了什么内容？

____

____

（2）猜一猜句中的“有鉴于此”是什么意思，并改写下面的句子。

因为留学生经常混淆“常常”和“通常”，所以本文打算对它们的异同之处进行细致考察。

____

____

二、写作训练

1. 梳理文章的写作思路，完成下面的文段。

文章首先就论题“重动句原因解释功能分析”中的“重动句”一词做了解释，然后从其________________、较之其他句式的特殊性及其作为________________的重要身份等三方面论述了重动句的研究意义。而后，对________________进行了分类梳理：一是关于________________的研究，二是关于________________的研究。在此基础上，指出了现有研究的不足，即缺乏________________研究。进而，交代了本研究的研究内容和研究目标。

2. 抓住文章的主要内容，将之概括成短文（200字左右），可参考下面的表达。

重动句指……，……。现有关于重动句的研究，……，一是……，……，二是……，……。综观现有研究，……，……。有鉴于此，……，……，希望……。

____

____

____

三、拓展训练

1. 阅读下面的短文，回答问题。

繁漪是中国杰出剧作家曹禺的经典之作《雷雨》中的一位主要人物。她是《雷雨》中作者最早想出并引起其创作冲动的两大人物之一（曹禺，1936），是最具“雷雨”性格的人（曹禺，1986），“要分析《雷雨》就要抓住繁漪这个最重要的人物”（陈思和，2003）。从人物塑造来看，繁漪是《雷雨》中“最为炫目的一道闪电”（钱理群，1994），“不仅在中国现代文学，而且在整个中国文学，几千年来，从《诗经》开始到当代，繁漪这个人物可以成为比较永恒的一个文学经典”（陈思和，1992）。由此看来，繁漪研究不仅对《雷雨》的研究有重要意义，甚至对整个中国文学而言也是一个重要课题。

关于繁漪的研究，新中国成立前少而零散，学者们一般将繁漪看作具有一定反抗性的、悲剧的旧式女人（刘西渭，1935；曹禺，1936；张庚，1936；等等）。新中国成立之后的前三十年，最具代表性的研究是钱谷融（1961，1962）。钱文认为，“繁漪既有旧传统的烙印[①]，又受到新思想的影响”，这与曹禺（1961）“她是一个受过一点新的教育的旧式女人”的观点类似。钱文还提到，繁漪“是个个人主义者”，其反抗是个人利益使然[②]。20 世纪 80 年代以来，一方面，辛宪锡（1981，

1984）等继续从文本出发探究已有争论的问题，指出繁漪如曹禺（1959）所说，是一个“资产阶级女性”，并认为她并非个人主义者或利己主义者，而是个“正面人物”、“受害者与反抗者”；另一方面，许多学者积极利用西方文艺理论和研究方法来审视[③]繁漪。例如，廖广（1998）从“原始意象”的角度出发，指出繁漪是一位“通过对爱的追求来反抗周朴园及他的男权社会”、“采取自己的方式去抗争”的女性；张惠垠、袁建丽（1999）和尹惠萍（1999）等从妇女解放的角度出发，认为繁漪的形象体现了妇女的觉醒，是“黑暗王国的一线光明”；叶齐华、胡汉舫（1998）、王玉华（2001）、钱尔凡（2000）、丁世忠、袁联（2002）等从比较文学的角度出发，将繁漪与外国或中国其他文学作品中的女性做比较，讨论她们的悲剧意蕴[④]，进而分析不同国家、不同时代的女性在婚姻、家庭中所遭受的歧视和压迫及她们所进行的抗争。

综上可见，几十年来学者们一直在从不同视角关注和研究着繁漪，力图找到一种恰切的方式来诠释[⑤]她、接近她，但至今未达成一致意见，该课题仍需继续研究。另外，繁漪能成为震撼人心、令人难忘的艺术形象，主要在于她性格的丰富性、深刻性和独特性，已有研究多关注前两者，而关于后者的探究则不见深入与多样，相关文献也寥寥无几。因此，本研究拟从繁漪性格的独特性这一角度出发，分析人物性格成因，进而揭示多重悲剧美的性格所产生的艺术效果，以期有助于繁漪研究的深入。

（1）根据文章内容，下面说法不正确的一项是（　　）

A. 繁漪是一个有特点、有争议、有研究价值的人物形象。

B. 对于繁漪是个旧式女人还是个新女性，抑或两种特质兼具，学界意见不一。

C. 作者曹禺对繁漪的人物形象定位很明确。

D. 关于繁漪的研究很多，但以其性格独特性为切入点的研究很少。

（2）说一说：对于繁漪，曹禺、钱谷融、辛宪锡三位学者的观点有何异同？

____

____

____

____

（3）根据文章内容，完成下面的写作大纲。

《试论繁漪性格的独特性》·引言

繁漪简介：

《雷雨》中的一位主要人物。

繁漪的研究意义：

① 从《雷雨》的创作和__________来看：最早想出、最具__________性格、最重要。

② 从________来看：炫目、________。

总述：不仅对于____________有重要意义，甚至对____________而言也是一个重要课题。

繁漪的研究现状：

① 新中国成立前：少而零散。

② 新中国成立后的前三十年：____________最具代表性。

③ 20 世纪 80 年代以来：一方面继续从文本出发，另一方面利用西方的理论方法。

总述：学者们一直在从不同视角关注和研究着繁漪，多从其性格的丰富性和____________切入进行探讨。

现有研究的不足之处在于：

A. 至今未就繁漪的人物形象达成一致意见。

B. 未对____________________给予足够关注。

本文的研究内容：

从____________的角度出发，分析________________，进而揭示________________。

本文的研究目标：

推动繁漪研究的深入。

2. 选词填空。

（1）总结　希望　顺便　通过　截至目前　有鉴于此

“常常”和“通常”在意义、功能上有相似之处，有的留学生就以为它们是同义等值词，结果造出许多病句。________，除了《现代汉语词典》中有这两个词的简单释义外，尚未有学者对二者的差别进行过说明。________，本文拟________对大量语言事实的考察，________这两个词在句法分布上的区别，________谈谈它们在意思上的差异。________本文的研究结果能为汉语教师的教学与留学生的学习提供有用的参考。

（2）集中　然而　不但　而且　寥寥无几　因此

前人关于汉、日两种语言的对比主要________在语音、词汇、语法等方面，对修辞格的研究则________。________，修辞格的恰当运用________能提高语言表达效果，________能反映出一个民族的社会文化心理。________，了解汉、日修辞格上的异同点，对两国人民学习对方语言、顺利进行跨文化交流具有重要意义。

3. 把下面的句子按正确顺序排列成语段，并回答问题。

① 本文只试图从猿猴与雷神的渊源这一角度，为“本土说”再添一筹码。

② 学界关于《西游记》中孙悟空的原型之争，由来已久，众说纷纭。

③ 事实上，从孙悟空形象形成的历史渊源看，“本土说”是更具说服力的。

④ 这一点，李时人（1991）一文有深入论述，结论令人叹服。为节省篇幅，不再赘述。

⑤ 以鲁迅（1923）为代表的“本土说”和以胡适（1923）为代表的“进口说”曾各执一端，以至于后来出现“混血说”（萧兵 1982）的折中之论。

（1）上述各句的正确排列顺序是：

____→____→____→____→____

（2）猜猜句④中“为节省篇幅，不再赘述”中“赘述”的意思，并用该词改写句子。

①“赘述”的意思：____________________

② 用“赘述”改写下面的句子。

改革开放对人民生活的影响，大家有目共睹，这里就不一一做介绍了。本文主要探讨实行改革开放政策的历史原因。

____

____

____

____

四、写作知识

引言的写作

学术论文的引言，又称“前言”或“绪论”，是论文正文的第一个部分，也即论文的开场白，其主要作用在于说明论文的研究价值，引起读者的阅读兴趣，同时对论文本论部分起到提纲挈领的作用。

引言的写作没有固定的格式，内容上一般包括如下方面：

（1）释题。即对论文选题，特别是论题中的重要概念进行解释说明。若论题一目了然，则不必释题。

（2）选题缘起与选题意义。即说明为什么选择该题目进行研究，该选题的研究价值或研究的必要性何在。

（3）相关研究综述。即介绍该选题的研究现状，总结现有研究的主要成果，并指出其不足之处，特别是与作者当下研究相关的方面，从而突显该研究的价值所在。

（4）研究对象、角度、方法与内容。即说明本研究将如何对何种内容进行怎样的研究。

（5）研究目的。即说明进行本研究所希望实现的目标。

（6）材料来源。即交代文章所用材料的出处。这并非引言的必有内容，可视具体情况而定，也可将相应的内容放到注释当中。

引言中有一些常见的表达。其中，文献综述的常见表达之前已有介绍，下面主要就其他内容的写作略做说明。

（1）说明选题意义。

A. “由此可见，有必要对……进行细致/系统考察。”

B. “……对人们弄清……具有重要意义。”

C. “……是……的一个重要课题。”

（2）说明研究对象、角度、方法与内容。

A. “本文将在已有研究成果的基础上，对……进行考察/分析。”

B. “本文拟从……角度/方面对……进行探讨/研究。”

C. “本文将通过对……的考察，探讨……。”

D. “本文拟在……的基础上，分析……，并探讨……。”

E. “本文拟以……为例/研究对象，考察……，分析……。”

（3）说明研究目的。

A. “本文……，希望能为……提供有用的参考。”

B. “本文……，以期有助于推动/深化……的研究。”

本课参考答案

五、课后作业

1. 阅读下面《中韩惯用语对比研究》一文的引言，请从内容的连贯性和逻辑性、语言的运用以及标点符号的格式等方面，说一说该引言写得怎么样，并说明你会怎样写。

惯用语是语汇宝库中很有特色的一种熟语。惯用语在其形成过程中，与其语言文化有着密切的联系。文化不同，由此所形成的惯用语也随之有异。一般来说，各种语言里都有一些惯用语，至于它们的构成规则、表达性能及其在该语言语汇系统中所占的地位，在不同的语言里各具不同的风貌。惯用语超越字面意义的语义构成特点，为研讨语义分析、语义合成，特别是语义变异这样一些语义学的课题提供了一种有价值的资源。

每个民族经过长时间的社会变迁与风俗习惯的变化后，会形成其独特的思维方式和价值观，这直接影响到一个民族的语言。不同语言中的惯用语都体现着不同民族生活习惯、文化背景的特点。因为惯用语有很独特的表现力，人们可以用这些惯用语把想说的话更简单明确且生动形象地传达给他人。

可见，惯用语是一种很有特色的语言形式，它在各民族语言中占有很重要的地位，是语言研究的一个重要课题，本文尝试从多角度对中韩两国惯用语的异同进行对比分析，探讨其特点及原因，进而探讨二者之间存在的对应关系。

目前，关于中韩惯用语的系统比较还不是很充分，本文仅选取一部分惯用语，进行小规模的粗浅尝试比较，因此难免有疏漏之处。希望能对中韩语言文化交流和语言教学有一定的参考作用和价值。

2. 结合自己之前确定的选题方向，在已完成的研究综述的基础上写作引言。

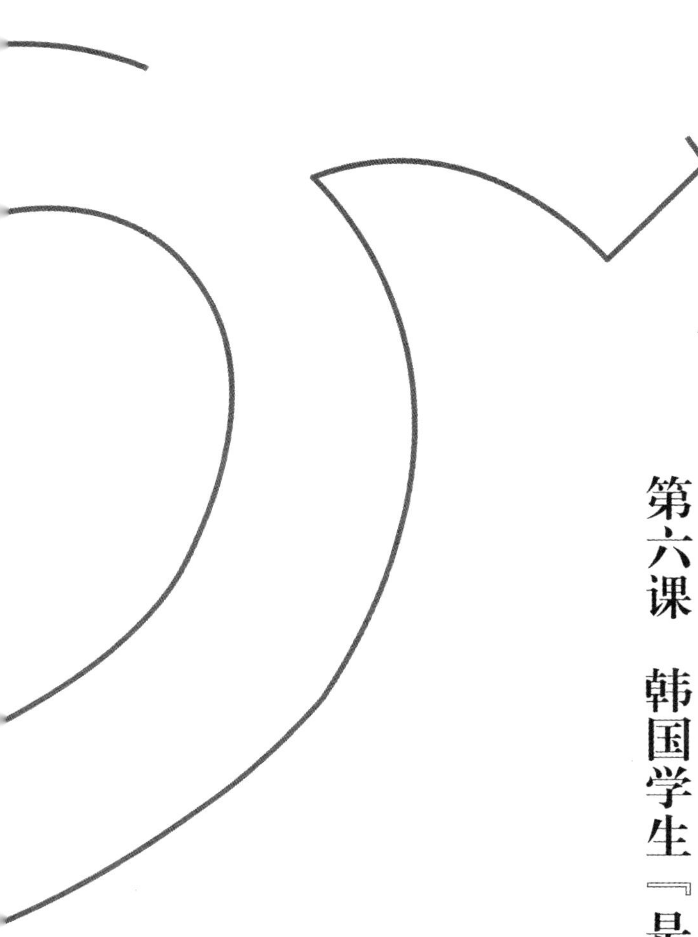

第六课　韩国学生『是……的』句偏误类型研究

一、阅读分析

韩国学生“是……的”句偏误类型研究

一、引言

近年来，来华学习汉语的韩国学生数量日益增加，他们的汉语学习规律应当引起重视。“是……的”句是现代汉语常见句式之一，因此是对外汉语教学的一个重点。北京语言大学 HSK 动态作文语料库的调查结果显示，韩国学生的“是……的”句偏误在所有偏误句中的占比高达 38%。为了提出有效的教学对策，有必要对韩国学生的“是……的”句偏误情况进行考察。但是，综观现有“是……的”句的偏误研究，专门以韩国学生的偏误为题的相当少见。有鉴于此，本文在语料库考察的基础上，分析归纳韩国学生“是……的”句偏误的主要类型，以期有助于针对性教学策略的提出。

二、遗漏型偏误

遗漏偏误，顾名思义，即由于词语或句子中遗漏了某一个或者某几个成分而导致的偏误（鲁健骥，1994）。这是韩国学生“是……的”偏误最主要的类型。从所遗漏的成分来看，又可细分为两类：一是“的”的遗漏，二是“是”的遗漏。

（一）“的”的遗漏

“的”的遗漏，是“是……的”句偏误中最常见的类型。无论“是”和“的”之间是何种性质的成分，都有漏掉“的”的情况。下面例（1）～（3）分别是名词短语、动词短语和形容词短语后漏掉了“的”。

（1）a. * 我认为不挨饿是第一位。

b. 我认为不挨饿是第一位的。

（2）a. * 我和他是大二的时候相识。

b. 我和他是大二的时候相识的。

（3）a. * 这个道理是很简单。

b. 这个道理是很简单的。

（二）“是”的遗漏

“是”的遗漏在“是……的”句偏误中所占比重[①]也较大。当“是”

和“的”之间是名词短语时，“是”是句子的谓词核心，大致相当于韩语对应表达中的系词。如果遗漏“是”，学生能明显感到句子不成立，所以名词短语前的“是”未见有遗漏的情况。被遗漏的主要是动词短语、形容词短语前的“是”，分别请看下面的例（4）和例（5）。

（4）a. *健康不能用金钱代替的。

b. 健康是不能用金钱代替的。

（5）a. *这个建议十分合适的。

b. 这个建议是十分合适的。

三、误代型偏误

误代偏误，指的是由于从两个或几个形式中选取了不适合特定语言环境的一个而造成的偏误（鲁健骥，1994）。从被替代的成分来看，“是……的”的误代型偏误句均为“的”被误代，而未见“是”被误代的情况。从用以替代“的”的成分来看，此类偏误句也可细分为两类：一是“了”对“的”的误代，二是“着”对“的”的误代。总体来看，“是……的”的误代型偏误句占比②较小。

（一）“了”对“的”的误代

“是……的”结构经常用来强调事件的时间、地点、方式、手段、原因等，此时，所涉及的事件通常是已完成事件。而“了”表示某事件已完成。两者都与事件的完成有某种关联，“的”和“了”又都用于句末，所以常引起学生混淆[③]。请看：

（6）a. *我叫崔皓，是韩国中北大学毕业了。

b. 我叫崔皓，是韩国中北大学毕业的。

例（6）中，虽然“毕业”是过去的事情，但是不能用“了”，因为说话人并不是在陈述自己是否已毕业，而是在强调说明自己“毕业”的地点，所以应用“是……的”。

“是……的”也常用来强调对某一情况的肯定或确信，如“这样做是不对的”；而“了$_2$”是一个表示实现或变化的语气助词。可能是由于二者都与语气有某种关联，且“的”和“了$_2$”都用于句末，有些学生会以“了$_2$”代“的”。请看：

（7）a. *这样的问题是容易解决了，那样的难解决。

b. 这样的问题是容易解决的，那样的难解决。

例（7）中，说话人并不是在说“这样的问题”以前不容易解决而现在容易解决这一变化，而是在说自己对“这样的问题”的难易度的一种肯定态度：与“那样的”不一样，“这样的问题”容易解决。因此，不能用“了$_2$”，应该用“是……的”。

（二）“着”对“的”的误代

“着”跟在动词或形容词后面表示动作的进行或状态的持续。当“是……的”句涉及进行中或持续性的动作或状态时，有些学生会以“着”代“的”。请看：

(8) a. *古往今来，所谓“代沟”问题是一直存在着。

b. 古往今来，所谓“代沟”问题是一直存在的。

(9) a. *水是自由地流动着，谁也阻止不了水的流动。

b. 水是自由地流动的，谁也阻止不了水的流动。

虽然例（8）中“代沟”问题持续存在，例（9）中水的流动在持续进行，但这两句都不是在简单陈述“存在”和“流动”的持续性，而是说话人对“‘代沟’问题一直存在”和“水自由地流动”两种情况的肯定，所以不用“着”，而应用“是……的”。

四、错序型偏误

错序偏误，指的是由于句中的某一个或某几个成分放错了位置而造成的偏误（鲁健骥，1994）。“是……的”的错序型偏误句较多且发生错序的成分不固定、类型多样，略举两例如下：

(10) a. *现代工业化社会中，吃饭是显然不重要的。

b. 现代工业化社会中，吃饭显然是不重要的。

(11) a. *控制吸烟场所不是过分的。

b. 控制吸烟场所是不过分的。

五、结语

本文通过考察语料库发现，韩国学生“是……的”句的偏误主要有遗漏、误代、错序三大类型。其中，遗漏型偏误最常见，错序型也较多且类型较杂，误代型偏误相对少见。限于时间关系，本文只对个别类型的偏误进行了粗浅④的成因分析，更深入的探讨将另撰文进行。希望本文的研究能为韩国学生“是……的”句的偏误研究提供初步参考，同时也希望能有更多的研究者关注这一课题。

参考文献

鲁健骥．外国人学汉语的语法偏误分析［J］．语言教学与研究，1994（1）：118-127.

（节选自青岛大学硕士学位论文，作者：崔栽源。有较大改动。）

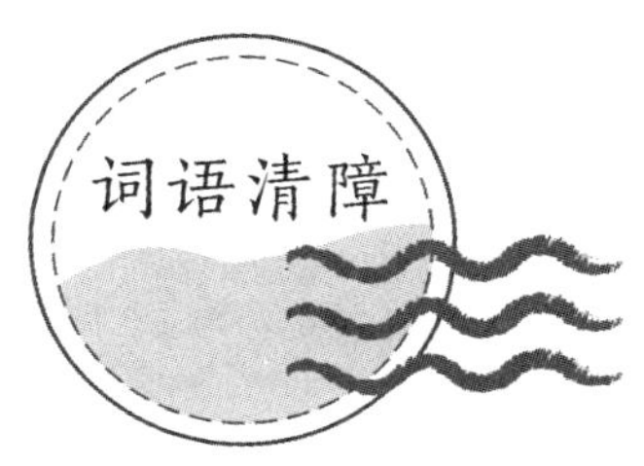

① **比重**　bǐzhòng（名）一种事物在整体中所占的分量。如：这次春游，留学生所占～比去年大｜在中国农村人口中，女性所占的～比男性小得多。

② **占比**　zhànbǐ（名）（数量）占总数的百分比。如：北京流动人口～超过一半｜在当今中国，私人企业的～正逐年扩大。

③ **混淆**　hùnxiáo（动）（使）界限模糊、分不清。如：对小学生来说，“己”“已”“巳”三个形近字特别容易～｜有些人为了个人利益故意～是非。

④ **粗浅**　cūqiǎn（形）浅显，不深刻。如：这种～的道理多数人都懂，却很少有人去做｜我对管理不太懂，只谈点个人～的看法。

1. 根据文章内容，用合适的语词填空。

（1）本研究的主要内容是____________________。

（2）韩国学生“是……的”句偏误最常见的类型是____________________。

（3）文中提到“是……的”句有两种功能，一是____________________，二是____________________。

（4）作者认为本文的不足之处是____________________。

2. 根据文意，判断下列说法的正误，正确的打“√”，错误的打“×”。

（1）学界对韩国学生的“是……的”句偏误情况关注不多。（　　）

（2）“是＋名词短语＋的”中的“是”，韩国学生一般不会遗漏。（　　）

（3）误代偏误中替代成分与被替代成分之间通常没什么联系。

（　　）

（4）韩国学生的误代型"是……的"偏误句不涉及"是"的误代。

（　　）

（5）作者很清楚自己这篇文章内容写得很粗浅，质量不高。

（　　）

3. 根据文章内容，简要回答问题。

（1）作者选择当前这一研究课题的原因是什么？

（2）作者进行本研究的目的是什么？

（3）作者今后还会继续研究这一课题吗？

（4）你认为在本文的基础上，还可以再进行哪些研究？

二、写作训练

1. 梳理文章的写作思路，完成下面的文段。

文章引言部分阐述了韩国学生“是……的”句偏误研究的意义以及__________，进而交代了本文的__________。接下来分三部分对韩国学生使用“是……的”句式时发生的__________型、__________型和__________型等三大类偏误逐一进行了描写。描写时有分类，有举例，有对例子的分析。最后对__________进行了总结，指出了本研究的__________，并提出了作者的希望。

2. 抓住文章的主要内容，将之概括成短文（250字左右），可参考下面的表达。

“是……的”句是……，……，对韩国学生而言是……。目前，……。本文……显示，韩国学生“是……的”句的偏误主要有……。其中，……又分为……，……；……又分为……，……；……，……。本研究……希望……。

____

____

____

____

____

3. 根据文章内容完成写作大纲，并思考描写型论文在结构和写法上有什么特点。

韩国学生“是……的”句偏误类型研究

一、引言

交代选题意义、研究现状、研究内容、研究目的。

二、________________

（一）____________________

举“是”与“的”之间是名词短语、动词短语和形容词短语的用例各一。

（二）____________________

举____

三、________________

（一）____________________

举____

（二）________________

举________________________________

四、____________

举________________________________

五、____________

总结研究结论，指出不足之处，提出希望。

参考文献

三、拓展训练

1. 阅读下面的短文，回答问题。

韩语中有大量汉字词，其中汉韩同形词占比相当大。同形词的存在为韩国汉语学习者提供了很多方便，但由于某些同形词在两种语言中使用情况不同，又给他们造成了困扰。本文以三年级韩汉翻译课三篇课文的学生翻译材料为主要研究对象，考查学生汉韩同形词使用中的偏误情况，希望能有助于这类词语的教学。

汉韩同形词的区别主要在于词性、词义和搭配习惯。经考察，韩国学生的同形词使用偏误也照此分为三大类型：词性不同导致的偏误、词义不同导致的偏误以及搭配不同导致的偏误。

先看词性不同导致的偏误。韩语形态标志明显，汉语形态标志不明显。学生翻译时很容易受母语影响，把韩语中的词性照搬到汉语中来，当相关词语在两种语言中词性不同时，就会引发偏误。例如：

(1)* 旅行时同伴妻子是在晚会时带去。

(2)* 甚至责任国防的将军也用外国人。

例（1）和例（2）中的"同伴"和"责任"，在韩国语中可与词尾"-hada"、"-zida"结合成为动词后带宾语，而在汉语中都只是名词。因此，翻译时不能照搬这两个同形词，而应改为相应的动词“陪伴”和“负责”。

再看词义不同导致的偏误。此类偏误又可细分为三种。

① 同形近义。部分汉韩同形词在义项上有同有异，甚至互相交叉。这种细微差异对学习者来说很难把握，所以经常出错。略举一例如下：

(3)* 如今，手机联络代替了从前的固定电话联络。

例（3）的“代替”应改为“取代”。汉语中“代替”指“以甲换乙，起乙的作用”，如“他病了，你代替他去开会吧”。而“取代”是指“排除别人或别的事物而占有其位置”，如“机械化就是用机器取代手工生产”。韩语中没有“取代”一词。汉语中“代替”和“取代”所包含的意思，在韩语中都用“代替”来表示，所以学生会发生例（3）那样的错误。

② 色彩不同。部分汉韩同形词词性相同、概念意义相同，只是词的色彩意义不同。有些偏误就是因为学生忽视了色彩意义的差别而造成的。例如：

(4)* 愤怒的老百姓在广州附近杀害了那些为非作歹的外国人。

例（4）中的“杀害”在汉语和韩语中都是动词，都是“杀死；害死”义。但是，在汉语中表示“为了不正当的目的杀死（人）”的意义时才用“杀害”，而韩语中“杀害”跟杀的目的没有任何关系，好人杀坏人、坏人杀好人都可以用“杀害”。此句的内容是外国人因在中国为非作歹而被愤怒的老百姓杀死，因此译文中不该用“杀害”，而应用

"杀死"。有的学生甚至用了"屠杀"，这也是因为忽视词语的感情色彩而导致的偏误。

③ 同形异义。由于汉字的多义以及组合后词义的侧重点不同，一小部分汉韩同形词同形而异义。特别是在第一次遇到这类同形词时，极容易受母语影响而发生偏误。例如：

(5)* 随着蒸汽机的发明，出现了革新的交通工具汽车和汽船。

例(5)中，与蒸汽机的发明有关的陆上交通工具，在韩语中叫"汽车"，但在汉语中叫"火车"，而汉语的"汽车"则是指"用内燃机做发动机，主要在公路上行驶的不少于四轮的交通工具"。也即，两种语言的"汽车"一词形同而义异。

再看搭配不同导致的偏误。部分汉韩同形词词性和词义基本相同，但搭配习惯不一样。若学生没记住或没学过某个汉韩同形词的搭配习惯，则容易直接挪用母语的表达习惯。例如：

(6)* 乘客一百八十一万名，这会创造出历史以来最大的记录。

例(6)中的"记录"，在汉语和韩语中都可以做名词，表示"在一定时期、一定范围内记载下来的最高成绩"。但在搭配上，汉语中只说"最高记录"，不能说"最大记录"，而在韩语中则二者皆可。

综上可见，韩国学生的汉韩同形词使用偏误主要有三类，分别与相关同形词在两种语言中的词性、词义或搭配习惯不同有关。究其成因，一方面与母语的影响有关，另一方面还与现行教材和教法多以欧美学生为对象、缺少中韩合作的可靠汉韩词典等有关。希望本文的研究能引起更多学者对汉韩同形词差异及其教学的关注，并为韩国学生的汉语学习提供一定的帮助。

（1）根据文章内容，在文首的横线上添加合适的标题。

（2）根据文章内容，下面说法不正确的一项是（　　）

A. 汉韩同形词的存在对韩国学生学汉语来说有利也有弊。

B. 韩语中名词与动词有形态上的区分，而汉语中则无此情况。

C. 汉韩同形词概念义都相同或相近，至多是色彩义有所不同。

D. 韩国学生汉字词使用偏误是多种原因造成的，需要多方面的努力来解决。

（3）分析句子并根据文章内容进行仿写。

① 下面是某韩国学生翻译作业中的一句话，句中划线词使用有误，请用适当的词加以改正。

给他们安眠药或镇静剂，不如消除他们对死亡的恐惧更加<u>贤明</u>。

____

____

② 说一说上面的句子属于文章中提到的哪一类偏误，并仿照文章中举例说明的方法与格式，以“又如”开头写一段话。

又如：____________________________

____

____

2. 根据下表的内容，完成对汉语方言中“太太”一词使用情况的描写。

“太太”的称呼对象	分布范围
曾祖母	辽宁海城、北京郊区、河北满城、甘肃临洮、新疆鄯善和乌鲁木齐、青海西宁、湖北当阳、江苏苏州和东台、浙江绍兴和金华、江西波阳、云南昆明等地
曾祖父	江苏如东、江西瑞金等地
曾祖父、曾祖母	浙江宁波（男太太曾祖父、女太太曾祖母） 河南光山（外太太曾祖父、内太太曾祖母）

根据《现代汉语词典》（第七版），称谓词“太太”主要有三种含义：① 对已婚妇女的尊称（带丈夫的姓）；② 称别人的妻子或对人称自己的妻子（都带人称代词做定语）；③〈方〉称曾祖母或曾祖父。

正如词典所指出的，用“太太”称呼曾祖辈，是汉语方言中的用法。

四、写作知识

（一）描写型学术论文的结构特点（上）

描写型学术论文，是指在某特定理论的指导下，对某一现象进行细致的描述，旨在说明被描述对象的特点或揭示某种现象和规律的一种学术论文。又可分为非对比型和对比型两种。

非对比型描写类论文的常见结构是，先提出问题，如“韩国学生‘是……的’句的偏误类型”、“称谓词‘太太’在汉语方言中的用法”；或先提出中心论点，如“韩国学生的同形词使用偏误分为三大类型：词性不同导致的偏误、词义不同导致的偏误以及搭配不同导致的偏误”，然后从几个并列的方面逐一加以论述，最后进行总结。或者，先提出问题，如“韩国学生‘是……的’句使用偏误”，然后描述现象，进而分析成因，最后提出解决对策。

（二）学术论文中的例证法

例证法，即通过具体实例或统计数字等事实论据来证明观点的论证方法。与普通议论文一样，学术论文中运用例证法时，也多是采用“论点＋例子＋结合论点对例子进行分析说明”这样的结构。其中，例子通常由"以……为例"、"如"、"例如"、"又如"、"请看"等语词引出。所举的例子一定要有典型性，能够充分表现所证明的观点。另外，不能只是单纯地罗列例子，一定要紧密结合相关观点对例子进行充分的解释说明，以突显其对该观点正确性的论证作用，因为同一个例子从不同角度分析也可以证明不同的观点。

本课参考答案

五、课后作业

1. 下面是 HSK 动态作文语料库中出现的留学生汉字偏误，请按偏误类型进行分类，并以《留学生汉字偏误类型分析》为题写一篇小短文。

① [illegible]（决） ② [illegible]（式） ③ [illegible]（崇） ④ [illegible]（它）
⑤ [illegible]（谓） ⑥ [illegible]（够） ⑦ [illegible]（利用） ⑧ [illegible]（跃）
⑨ [illegible]（幸福） ⑩ [illegible]（每个）

2. 如果根据你之前确定的选题要写的是一篇描写型论文，请在已完成的引言的基础上撰写本论部分的写作提纲。

____

____

____

____

____

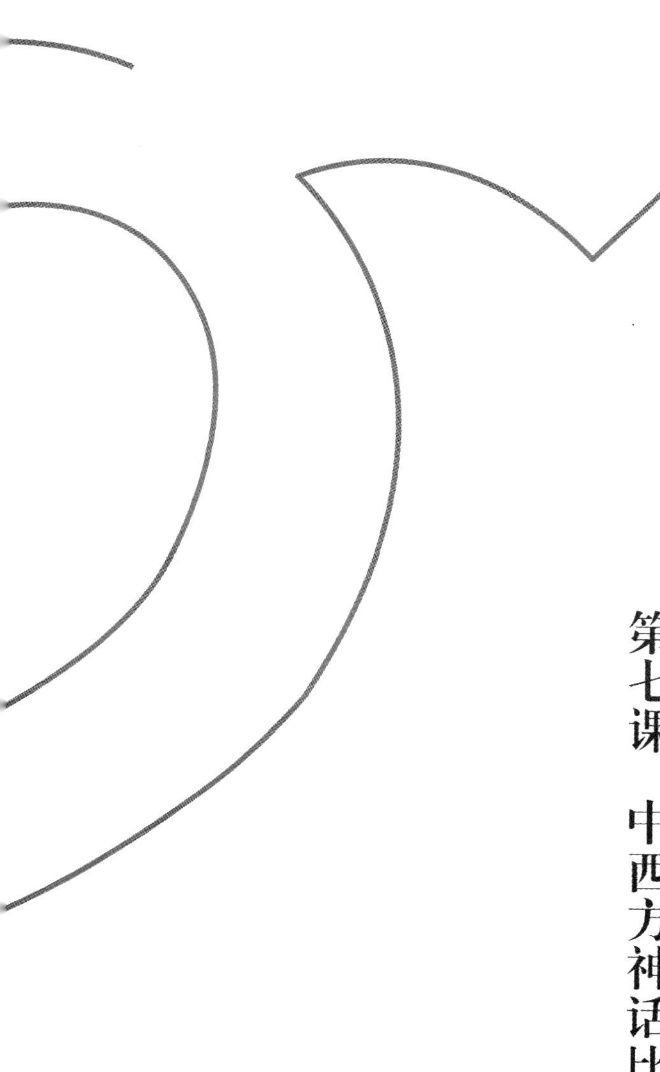

第七课　中西方神话比较浅谈

一、阅读分析

中西方神话比较浅谈

一、引言

神话是中西早期文明的一种艺术表现形式及“文化的有机成分”(叶舒宪，1987)，是古人对无法解释之现象的一种浪漫而又严肃的思考。神话中浸透着古人的社会观、自然观和精神信仰，同时也对后世的价值取向、思维方式和行为标准等有重大影响。因此，中西神话的对比研究，对人们清楚了解中西文明的思想内核与民族精神具有积极意义。本文从神话主题、“神”的形象塑造及神话背后的命运观三方面对中西神话的异同进行比较，有助于揭示中西文化差异的深层原因，促进中西文化的交流与理解。

二、中西神话的主题

中西神话在主题内容上有着广泛的相似性，都以洪水主题、创世主题与天堂地狱主题最具代表性。

洪水神话表现的是自然力对人类生产、生活的改造。远古时代，人们对洪水十分惧怕，因为当时没有科学有效的手段来避免洪水带来的损害，一旦遭遇洪水，就会有许许多多的人丧生。人们无法解释洪水的成因，就把洪水拟人化、神化。中西神话里，洪水的主要作用就是净化人类。上天通过洪水净化人的品质，挑选符合上天意志的人传承后代。例如，中国伏羲女娲神话中，伏羲与女娲救了雷公，得到了雷公的牙齿，在雷公惩罚人类降下暴雨时幸免于难。这与西方诺亚方舟的神话有异曲同工[①]之处。

创世神话体现了人们对世间万物由来的思考。主要有两种，一是造物神话，二是造人神话。中国造物神话很多，如盘古开天辟地：盘古生于混沌，以斧开天地，死后身体变成河山草木、日月风云，从此万物形成。西方也有类似主题，如《圣经》中记载，神说“要有光”，便有了光，神说“要有空气”，就产生了空气，神以主观意志造就了世界。中西造人神话都是将神的样子和泥土与造人相联系。最典型的中国造人神话是女娲造人：女娲按自己的样子用藤条沾泥土造人，并将造好的人分为男女让其繁衍。西方造人神话主要是亚当与夏娃的神话：上帝按自己的样貌用土捏成一个人的形象，吹入生气，使他成为活人，取名亚当，后又用亚当的一根肋骨造出一个女子与他做伴，名为夏娃，他们就是西方人的祖先。

天堂地狱神话体现了人们对死亡的看法。先民无法解释死亡，便在现实世界之外，想象出了两个空间，即天堂和地狱。而进入天堂和地狱的标准就是人性的善恶。中国的此类神话将地狱分为十八层，认为死去的人都被带到地狱最高领导阎罗王那里，根据生前所做之事，被安排到不同级别的地狱。西方神话也有类似的区分，善良的人死后就会到上帝的牧场，而作恶的人将会在地狱受烈火的焚烧。

三、中西神话中“神”的形象塑造

中国神话大多将“神”塑造为人兽同体。这是图腾[②]崇拜的一种演化。如果说之前对兽形的崇拜代表着人们对自然力量的恐惧和屈服，那么半人半兽神的出现则代表了个人力量的觉醒。从原始的兽形演化为人兽同体，体现了古人自然观的演变：人们从单纯的自然崇拜发展到人性的觉醒，开始意识到人可以利用自己的力量改造社会，可以与自然和谐相处，一种“天人合一”的思想逐渐形成。中国的“神”是中国先民在“理想道德层面的拓展”（房长青，2012），是一种人向高处的提升。

与中国神话不同，西方神话大多将神塑造为与人同形同性的样子。这也有其思想渊源[③]。以西方最有名的希腊神话为例。希腊的生存环境比之中国要恶劣许多，地域的狭小促使他们不断向海洋进发。而海洋的变幻莫测[④]更甚土地，希腊人必须依靠自身的力量与智慧去赢得胜利，他们既畏惧自然又敢于反抗自然，而神就是对自然的精神幻化。希腊神话中神与人同形同性。同形就意味着他们有着相似的外貌，同性则意味着神也有人的弱点。同形同性，在一定程度上消解了人对神的畏惧，人与神之间的沟壑[⑤]被填平。

中西方神话之“神”的差别，归根到底是双方思想意识的差别。人兽同体的神形塑造体现了中国“天人合一”的思想，而神人同形同性的塑造则将人与自然对立化，突显了人的主观能动性。这些差别展现出了中西方文明的不同发展取向。

四、中西神话背后的命运观

命运观是指人们对命运的根本观点和根本看法。在文学创作中，命运往往作为一种推动故事发展的力量而存在。中西神话作为人类早期的文学创作，受到社会环境、文化背景等的影响，在对命运的认识方面有着各自的特点。

在中国神话中，命运并不是一个重点。中国神话更多强调的是个人的意志，认为人的力量能够战胜一切。对于失败，中国的先民并非直接归究为命运，而是通过自身的努力不断去挑战，去克服困难，争取胜利。这样的典型神话有很多，如刑天的神话，刑天和天帝争夺天庭最高的宝座，落败后被天帝斩首，但他仍然不放弃，以乳为眼，以肚脐为口，挥舞盾斧向天帝挑战；又如愚公移山的神话，愚公要移太行、王屋两座大山，领着子孙们一起挖山，很长时间后仍不见山势降低，人们劝他放弃，而他却一直坚持，最终感动天帝，天帝派来神将移走了两座山。由此可见，中国先民拥有的是一种奋发向上的精神意识，而并没有很强的命运意识，一个重要原因就是他们“天人合一”的自然观。正是这种自然观，使得中国神话中没有人与自然的尖锐对立，二者之间表现出一种和谐的关系。

相反，命运在西方神话中是一个十分重要的角色。作为一个“隐形人”，它与上帝的作用相似，也是一个全知全能的角色。在西方人的认知里，人类本身是有力量的，具有主观能动性，但命运又是不可抗拒的，正如死亡是无法避免的一样。就现有的神话而言，虽然人与自然的搏斗一直在持续，但大多数都是命运取胜，即使是英雄人物，也无法抵御既定的命运。最鲜明的一个例子就是俄狄浦斯王的神话，俄狄浦斯在出生时一生的命运就已经安排好了，当他发现杀父娶母的诅咒时，拼命避免，但结果还是按照命运的轨迹走向了末路，最终自残双目。

五、结语

中西神话都是先民对未知事物的想象与探索，表现出了先民不同的思维构成和情感诉求。比较可见，二者存在相似的主题内容，呈现出不同的“神”的形象，传达出不同的命运观念。实际上，中西神话的异同还表现在其他许多方面，然而由于时间关系，本文暂时无法展开论述。总之，正是这些异同点构成了中西神话各自永恒的魅力。神话是一种文化积淀、民族意识的积淀，希望本文能为中西方文化心理、行为习惯等方面的研究提供有用的参考。

参考文献

［1］房长青．对中西神话中的神的差异的一些看法［J］．北方文学，2012（4）：133-134.

［2］叶舒宪．神话——原型批评［M］．西安：陕西师范大学出版社，1987.

（节选自《吉林广播电视大学学报》2017 年第 3 期，作者：张冰洋。有改动。）

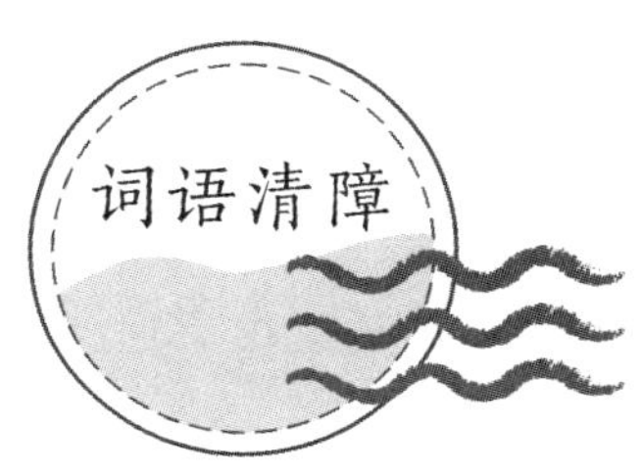

① **异曲同工**　yìqǔ-tónggōng（成）不同的曲调演得同样好，比喻话的说法不同而意思相同或同样精彩，或者事情的做法不同而达到同样的目的或收到同样好的效果。如：佛教和道教虽然起源不同，但思想上却有～之处｜两部电影风格不同，但在揭示“人性本善”这一主题方面却是～。

② **图腾**　túténg（名）原始社会的人认为跟本氏族有血缘关系的某种动物或自然物，一般用作本氏族的标志。如：商族认为“天命玄鸟，降而生商”，于是玄鸟便成为商族的～｜～崇拜是动物崇拜，更是祖先崇拜。

③ **渊源**　yuānyuán（名）水的源头，比喻事物的本源。如：古希腊艺术是西方古典艺术的～和典范｜中国剪纸有着悠久的历史～和丰富的文化内涵。

④ **变幻莫测**　biànhuàn-mòcè（成）变化很多，难以预料。如：六月的天，就像孩子的脸，阴晴不定，～｜魔术师～的表演赢得了观

众阵阵掌声。

⑤ **沟壑** gōuhè（名）山沟，比喻阻隔。如：从山顶放眼望去，可见一道道～｜一次次的误解逐渐积累，慢慢在两颗心之间形成了难以跨越的～。

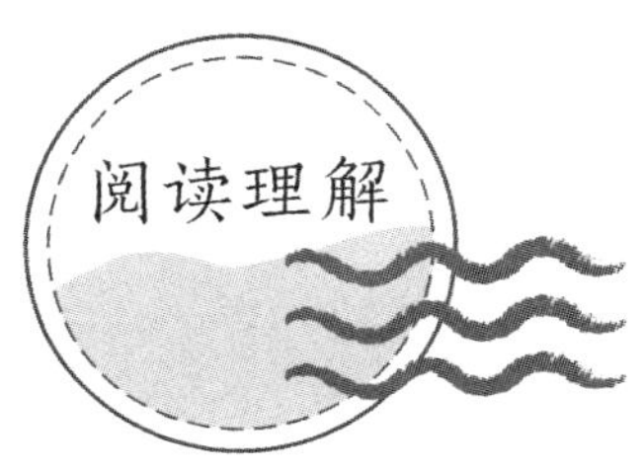

1. 根据文章内容，用合适的语词填空。

（1）神话实际上是古人对__________的一种思考，它能体现出古人的__________、__________和__________。

（2）洪水神话的主要内容一般都是____________________。创世神话是指关于__________的那类神话。此二者与__________共同构成了中西神话的三大主题。

（3）中国神话中“神”的形象多是________________，而西方神话中的“神”则多是________________。造成这一差别的根源是________________。

（4）中国神话中命运的地位不突出，主要是因为__________，而西方神话中命运则是一个如同上帝一般__________的角色，因为西方人认为人虽有力量，但命运__________。

2. 根据文意，判断下列说法的正误，正确的打“√”，错误的打“×”。

（1）由一个民族的神话故事可以探知该民族的价值观和思维方式。（　　）

（2）中西洪水神话、创世神话和天堂地狱神话内容相同。（　　）

（3）通过神话可知，中西方先民都对善良正义有着美好的追求。（　　）

（4）中国神话里“神”的形象与中国先民的自我认知有关。（　　）

（5）西方神话中的神与人等级分明，神都是完美而不可战胜的。（　　）

（6）中国先民“天人合一”的观念造成了中西神话的重要差别。（　　）

3. 根据文章内容，简要回答问题。

（1）作者选择当前这一研究课题的原因是什么？

____

____

____

____

（2）本研究中都提到了哪些神话？

（3）本研究的主要结论是什么？

（4）你认为在本文的基础上，还可以再进行哪些研究？

二、写作训练

1. 梳理文章的写作思路，完成下面的文段。

文章引言部分首先对神话及其主要特点进行了概述，在此基础上指出了中西神话对比研究的______________，进而交代了本文的______________和研究目的。接下来，文章分三部分逐一从____________、____________和____________方面对中西神话进行了对比。对比过程中，主要是通过____________的方法来论证观点的。最后，文章总结了主要研究结论，指出了本文的____________和研究价值。

2. 抓住文章的主要内容，将之概括成250字左右的短文，可参考下面的表达。

神话……，……。通过对……的考察可见，……，……，……。具体来说，在……上，……，如……，……，如……，……。在……上，中国……，……，而西方……，……，该差异……。另外，在……方面，中国……，如……；相反，西方……，如……。

____

____

3. 选用下列语词写一段话，举例介绍你自己国家或民族的神话与中国神话在主题内容、“神”的形象、背后的命运观或其他方面的异同。

类似 相反 而……则 在……上/方面 首先/其次/再者/此外 主题 体现

三、拓展训练

1. 阅读下面的文章，回答问题。

____

文化具有鲜明的个性，不同文化往往存在差异。饮食文化即是如此。本文拟从饮食观念、餐具与用餐形式以及用餐礼仪等方面探讨中西饮食文化的差异。通过了解这些差异，我们一方面能提高对西方文化的认识，另一方面能更好地进行跨文化交流，避免因文化误解而产生沟通障碍。

一、中西烹饪观念差异

自古以来，中国饮食比较注重形、色、香、味的结合，注重菜肴的外部表现，强调视觉、味觉等感官感受。中国人将烹饪称为一种艺术，古今流行的“美食”则进一步将烹饪纳入美学范畴。中国人对美味的追求远远大于对营养的追求。与此相反，西方饮食更加注重科学性，他们烹饪美食的出发点是营养。西方人全力研究食物本身的营养价值及其在不同情况下的营养差异，脂肪、维生素、蛋白质等含量是否搭配适宜，食物供给的热量是否恰到好处，以及食物所包含的营养成分是否都能被吃的人充分吸收，是否有副作用，等等。

二、中西餐具与用餐形式差异

中国人以筷子为主要餐具。著名法国文学批评家罗兰·巴特曾说：筷子不像刀叉被用来切、刺或戳食物，因此食物不再是人类暴力下的牺牲品，而变成了人通过筷子和谐传递的物质。从某种意义上说，筷子已经成为人与食物之间文雅的媒介，同时也反映了人与自然之间和谐的关系。西方人以刀和叉为主要餐具。这与古代西方人大多靠打猎为生、以食肉为主有关，使用刀叉体现了人类对自然界的征服。

中国倾向聚餐式，用餐时习惯围坐在一起，宴会也通常选择圆桌，将菜肴放在圆桌中心，既方便大家夹取食物，又利于大家沟通交流。这体现了中国人强调社会群体的统一和认同的世界观。西方则倾向自助餐式，他们常将食物酒水整齐地排列在桌子上，参加宴会的人各取所需，用餐时可以端着盘子四处走动，找自己希望交谈的人边吃边谈。这体现了西方人对个性与自我价值的追求。

三、中西用餐礼仪差异

先看座次方位差异。受传统文化的影响，中国人将长幼有序、尊重长者作为排座的标准，首席的位置一般是坐北朝南或正对门厅处，主人与首席相对而坐。其余宾客按其长幼、权位依“左为上，右为次，上座之左为三座，次座之右为四座，以下依此递推”。与中国不同，西方多用长桌，男女主人坐在长桌两端，宾客坐两旁，主人右边的位子通常更尊贵些。

再看性别优先差异。在中国古代，由于受男尊女卑传统思想的影响，宴会上几乎很少看到女性的身影。到了现代社会，女性的社会地位有了明显提升，在用餐座次上与男性已没有什么差别，但在一些正式宴会上，女士还是跟女士一起坐。在西方，女士优先是社交活动中重要的礼仪规范。在家庭宴会中，一般是男主人陪女主宾，女主人陪男主宾，这反映出男女之间的平等。

再看时间观差异。中国人参加宴会或者赴约会时，通常会比宴会安排的时间晚到，位高权重者迟到时间往往更长一些。究其原因，一是因为中国人比较含蓄，担心主人没有准备好，二是中国传统思想作怪。西方人不同。一旦宴会或聚会时间确定下来，他们会准时赴约。如因特殊情况晚到，也是可以接受的，但如果迟到时间较长，会被认为不重视这个宴会，造成对主人及其他客人的冒犯，因此迟到者通常都要郑重地向主人及其他客人表达歉意。

四、结语

地理环境、气候条件、资源特产、风土人情、宗教信仰、思维方式，以及历史发展经历的不同，造就了中西方迥异的饮食文化。而随着中西方交流的日益频繁和深入，尊重和了解对方文化并汲取其先进之处已成为时代的要求。饮食文化也不例外。本文归纳了中西饮食在烹饪观念、餐具与用餐形式以及用餐礼仪等方面的差异，希望能有助于人们在跨文化交流中做到有礼有节、游刃有余。

（1）根据文章内容，在文首的横线上添加合适的标题。

（2）根据文章内容，下面说法不正确的一项是（　　）

A. 了解饮食文化差异对跨文化交流具有重要意义。

B. 中国人不关心饮食的营养问题，只关心食物是否好看、好吃。

C. 西方人之所以用刀叉吃饭是与其先民的生活方式有关。

D. 用餐者的社会地位在中西用餐礼仪中都是重要的考虑因素。

（3）根据文章内容完成填空，并按要求进行仿写。

① 请从文中选择合适的语词填空。

中国的饮食文化具有自己的特点。在烹饪观念上，中国人强调菜肴的________性。相比营养，中国饮食更注重菜肴给人带来的视觉、味觉等________。中国人的主要餐具是________。它夹取食物，较之刀切、叉刺或戳食物，更显出它的________，同时也反映了人与自然之间的________。中国人喜欢________式，这与他们强调________的世界观有关。中国人请客多用________桌，座次有讲究，首席的位置与________相对，其余宾客根据________和________按“________为上，________为次”的顺序就座。女性在古代一般不上宴会，现代则与男性差别不大。中国人赴宴，一般会________，尤其是________。这与中国人的含蓄以及传统思想有关。

② 根据文章内容，仿照上面①给出的文段写一段话，概述西方饮食文化的特点（200 字以内）。

西方的饮食文化与中国不同。________________________________

____

____

____

____

____

____

2. 把下面的句子按正确顺序排列成语段，并回答问题。

① 汉民族注重以花木喻人，即用花木的自然属性（形态、习性等）来比喻人的社会属性（品德、精神等）。

② 英语民族有送花的习俗，他们习惯以花代言，即用一种花木来代表自己想要表达的意思。

③ 以花木喻人和以花木代言，是汉英植物文化最重要的区别。

④ 比如，爱上某个人，就送一枝红玫瑰表示“我爱你”，对方如果回赠一枝报春花就表示接受这份爱情，如果回赠的是条纹康乃馨就暗示拒绝。

⑤ 人们常说的“岁寒三友”（松竹梅）和“四君子”（梅兰竹菊）就是典型的例子。

⑥ 需要说明的是，虽然英语中也有以花喻人之例，汉语中也有花木代言的现象，但是既不广泛也不系统，都不是主流。

正确排列顺序是：____→____→____→____→____→____

3. 下面是一位学生撰写的《汉韩五官惯用语对比研究》一文的论文大纲，请从结构安排上分析其优劣。

一、引言
二、汉语五官惯用语
（一）与“眼”有关的惯用语
（二）与“耳”有关的惯用语
（三）与“鼻”有关的惯用语
（四）与“口”有关的惯用语
（五）与“手”有关的惯用语
三、韩语五官惯用语
（一）与“眼”有关的惯用语
（二）与“耳”有关的惯用语
（三）与“鼻”有关的惯用语
（四）与“口”有关的惯用语
（五）与“手”有关的惯用语

四、汉韩五官惯用语的异同

（一）汉韩与“眼”有关的惯用语的相同点与不同点

（二）汉韩与“耳”有关的惯用语的相同点与不同点

（三）汉韩与“鼻”有关的惯用语的相同点与不同点

（四）汉韩与“口”有关的惯用语的相同点与不同点

（五）汉韩与“手”有关的惯用语的相同点与不同点

五、结语

四、写作知识

描写型学术论文的结构特点（下）

对比型描写类学术论文，与非对比型描写类学术论文一样，也是在某一特定理论的指导下，对某一现象进行细致描述，只不过研究对象要超过一个，目的仍是揭示被讨论对象的特点，而该特点是通过对比获知的。

对比型描写类论文的常见结构是：先提出问题，如“中西神话的异同”、“中西饮食文化的异同”，然后从几个并列的方面逐一加以对比、论述，最后对比较对象的异同点进行总结。当然，在此基础上，还可进一步探讨其背后的成因或由此体现出来的更高一层面或更本质上的差异，如中西神话差异背后的自然观、中西饮食文化差异背后的社会等级观念等。在进行对比描写时，有一些常见表达。

① 表示相同：“与……相同/类似”、“跟……一样”、“……亦是如此”。

② 表示不同：“相反，……”、“与此相反，……”、“……，而……则……”。

本课参考答案

五、课后作业

1. 根据下表的内容写一篇短文，对“常常”和“通常”的用法进行对比介绍。

<table>
<tr><th colspan="4">使用条件</th><th>“常常”</th><th>“通常”</th></tr>
<tr><td rowspan="3">直接搭配核心谓词</td><td colspan="3">单独的动词</td><td>他常常锻炼。</td><td>*他通常锻炼。</td></tr>
<tr><td rowspan="2">动宾离合词或动宾短语</td><td colspan="2">宾语前无修饰语</td><td>他常常洗澡/喝水。</td><td>*他通常洗澡/喝水。</td></tr>
<tr><td colspan="2">宾语前有修饰语</td><td>他常常洗冷水澡/喝白开水。</td><td>他通常洗冷水澡/喝白开水。</td></tr>
<tr><td rowspan="5">与时间成分共现</td><td rowspan="3">时点成分</td><td colspan="2">前面</td><td>他常常 7 点吃早饭。</td><td>他通常 7 点吃早饭。</td></tr>
<tr><td rowspan="2">后面</td><td>一般情况</td><td>他周末常常去公园。</td><td>他周末通常去公园。</td></tr>
<tr><td>过去的情况</td><td>他去年常常去公园。</td><td>*他去年通常去公园。</td></tr>
<tr><td rowspan="2">时段成分</td><td rowspan="2">前面</td><td>时间较短</td><td>他常常一天吃四顿。</td><td>他通常一天吃四顿。</td></tr>
<tr><td>时间较长</td><td>*他常常一年写两篇。</td><td>他通常一年写两篇。</td></tr>
</table>

续表

使用条件				“常常”	“通常”
与时间成分共现	时段成分	后面	动作发生的时间长度	*他一天常常吃四顿。	他一天通常吃四顿。
			动作间隔的时间长度	*患疟疾两天常常发一次烧。	*患疟疾两天通常发一次烧。
与副词共现	否定副词	“不”	规律性行为	他常常不在家吃午饭。	他通常不在家吃午饭。
			非规律性行为	他常常好几天不在家吃饭。	*他通常好几天不在家吃饭。
		“没”	前面	他常常没时间看电影。	他通常没时间看电影。
			后面	他没常常在饭馆吃饭。	*他没通常在饭馆吃饭。
	总括副词	“都”	前面	*他常常都开车去。	他通常都开车去。

2. 如果根据你之前确定的选题要写的是一篇对比型描写类论文，请在已完成的引言的基础上撰写本论部分的写作提纲。

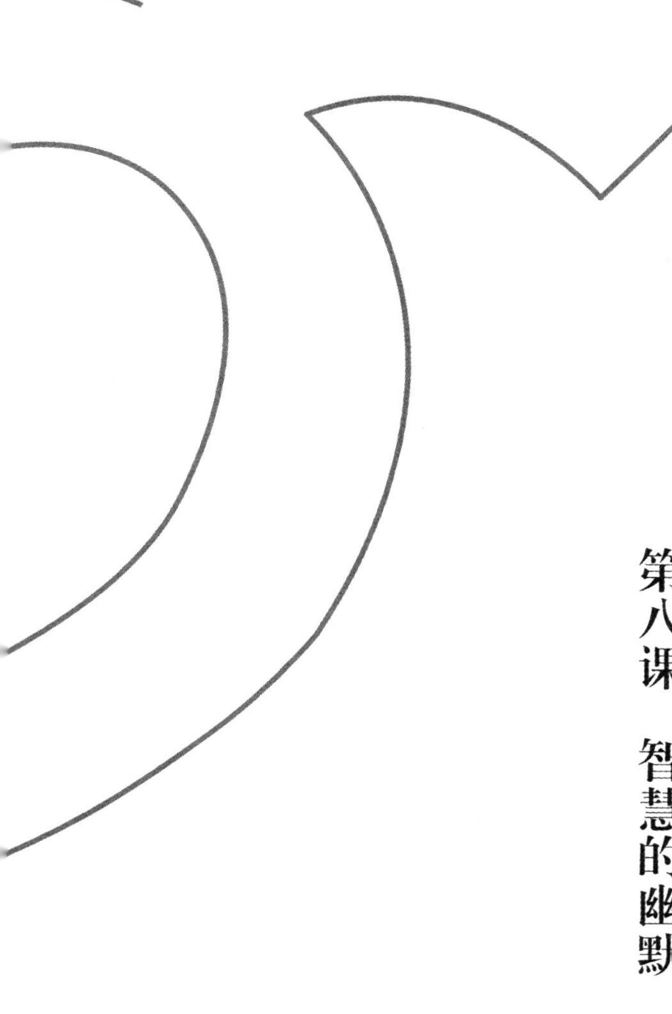

第八课 智慧的幽默 深刻的批判

一、阅读分析

智慧的幽默　深刻的批判

——论钱锺书《围城》的艺术特色

钱锺书的《围城》幽默讽刺的艺术成就极高。小说中没有阿 Q 式的让人啼笑皆非的喜剧形象，也没有离奇古怪的讽刺性情节，其讽刺效果的产生，全靠语句的安排，语言的运作。他善于将一件件看似不相关的事情通过绝妙的联想联系在一起，又用俏皮的语言表达出来。其中语言成就最高、讽刺效果最好的，则非比喻莫属。钱锺书的比喻常常化腐朽为神奇，读来让人称奇。

一、睿智丰蕴的比喻

《围城》中的比喻，可以说是特色鲜明，独成一体。从总体风格来看，常带有浓烈的讽刺意味，甚至很刻薄①，具有鲜明的象征性。如方鸿渐在欧洲留学几年一无所得，他本来没想过买假文凭，但父亲和岳父却十分看重，使他也逐渐认识到文凭的重要性，“这一张文凭，仿佛有亚当、夏娃下身那片树叶的功用，可以遮羞包丑：小小一方纸能把一个人的空疏②、寡陋③、愚笨都掩盖起来，自己没有文凭，好像精神上赤条条的，没有包裹。”[1]本来文凭并不是一个贬义词，它是人们学历与水平的证明，但对即将回国的方鸿渐来说，留学四年毫无收获，文凭对他来说确实只是“遮羞包丑”的“树叶”。将文凭与遮羞包丑的树叶做比较，就尖锐地讽刺了不学无术却又沽名钓誉④的社会现象，也细腻真实地描绘出了方鸿渐这类人的心理世界。

钱锺书认为，“比喻是文学语言的特点”，“比喻是文学语言的擅长”[2]。因此，为最大限度地达到幽默讽刺的效果，他在创作中大量使用比喻，手法多种多样。《围城》中一共有七百多条比喻，这些比喻就像夏夜晴空的繁星，颗颗都闪烁着智慧的光芒。

例如，《围城》中写方鸿渐回国途中与鲍小姐在一家西菜馆吃饭：“谁知道从冷盘到咖啡，没有一样东西可口。上来的汤是凉的，冰激凌倒是热的；鱼像海军陆战队，已登陆了好几天；肉像潜水艇士兵，曾长期伏在水里；除醋以外，面包、牛奶、红酒无一不酸。”[3]此处连续设喻，句式整齐，比喻形象，气势充沛，幽默风趣。

又如，写方鸿渐与孙柔嘉订婚后离开三间大学去香港经过桂林：“为了飞机票，他们在桂林一住十几天，快乐得不像人在过日子，倒像日子溜过了他们两个人。"[4]先用反喻，以反托正，后用倒喻，以喻体为主，形成了一种十分幽默的表达效果。

总之，钱锺书先生的比喻就是这样新鲜生动，睿智丰蕴，幽默中含有讽刺，轻松中蕴含凝重。

二、辛辣深刻的批判

《围城》在辛辣讽刺的外衣下，其实蕴含⑤着作者深刻的人生忧患意识⑥。《围城》是一部对人生进行探讨的哲理小说。钱锺书在《围城》"序"中开宗明义⑦地说："在这本书里，我想写现代中国某一部分社会，某一部分人物。写这类人，我没忘记他们是人类，只是人类，具有无毛两足动物的基本根性。"[5]这说明作者是从人类根性上去写书中人物的。由此可见，《围城》在幽默讽刺的文风背后，其主旨是十分严肃的，表现了作者对人性的思考和探索，具有巨大的思想价值。

《围城》将笔锋直指高级知识分子，将世人心目中神圣崇高的人物（留学生、文人、作家）头上的光环一一扯去，撕下他们学术骗子的画皮，把他们的真实面目暴露在光天化日之下。三闾大学的高松年、陆子潇、顾尔谦等人，每每在同伙和学生面前，装模作样地表现自己，或是想隐藏起一些什么东西来，显得十分可笑。像"得学位是把论文哄过自己的先生；教书是把讲义哄过自己的学生"[6]都是对不学无术、滥竽充数的知识分子一针见血的揭露，是教育丑恶现象的生动再现。因此，《围城》中的灰色知识分子群像可以说是现代文学人物画廊中的一类典型。其实，钱锺书并不反对知识，书中对知识分子各种形象的揭露批判正是作者崇尚真学术、维护学术尊严的表现。

作者的这种思想倾向与所处的现实生活环境有密切联系。钱锺书从欧洲留学归国，便被清华大学（当时的西南联大）聘为外文系教授，后来又在国立师范学院任英文系教授兼系主任，他曾因为上课极受学生欢迎被同事排挤，也常常因为看不惯一些人的生活态度而生气厌恶，这些都表现在他的小说中。例如，《围城》中写道："在大学里，理科学生瞧不起文科学生，外文系学生瞧不起中文系学生，中文系学生瞧不起哲学系学生，哲学系学生瞧不起社会学系学生，社会学系学生瞧不起教育学系学生，教育学系学生没有谁给他们瞧不起了，只能瞧不起本系的先生。"[7]俏皮地讽刺了大学里功利主义的专业观，如果没有对大学生活的极端熟悉和对大学师生内在心理的深切把握，不管是多么高超的文笔也是写不出来的。

《围城》中毫不留情的辛辣嘲讽，刻薄尖锐的作品风格，灰色沉重的阴暗色调，无不表现出作者强烈的怀疑和批判精神，给人一种极其冷酷严峻、不寒而栗的心灵震撼。

---

［1］钱锺书．围城［M］．北京：人民文学出版社，1980：11.

［2］钱锺书．钱锺书作品集［M］．兰州：甘肃人民出版社，1997：490，491.

［3］钱锺书．围城［M］．北京：人民文学出版社，1980：14.

［4］钱锺书．围城［M］．北京：人民文学出版社，1980：194.

［5］钱锺书．钱锺书作品集［M］．兰州：甘肃人民出版社，1997：15.

［6］钱锺书．钱锺书作品集［M］．兰州：甘肃人民出版社，1997：243.

［7］钱锺书．钱锺书作品集［M］．兰州：甘肃人民出版社，1997：83.

（节选自《名作欣赏》2012年第29期，作者：王瑞云。有较大改动。）

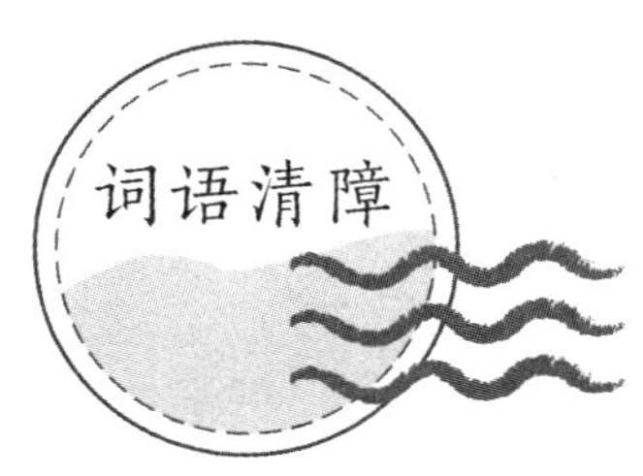

① **刻薄**　kèbó（形）指说话或者对待人的态度很过分，冷酷无情，不给人面子。如：你不要说那种看不起我们的～话｜他说话太～了。

② **空疏**　kōngshū（形）（学问、文章、议论等）空虚；空洞。如：外表强横，内心～｜他表面上知识渊博，其实才学～。

③ **寡陋**　guǎlòu（形）形容见识少，见识浅。如：请原谅我的知识～｜到了这里才知道自己实在是～。

④ **沽名钓誉**　gūmíngdiàoyù（成）指用不正当的手段捞取名誉。如：社会上总有一些～之人｜我们不能学这些人只会～。

⑤ **蕴含**　yùnhán（动）包含。如：平平淡淡的一句话～着丰富的含义｜没有人真正明白这首诗所～的深意。

⑥ **忧患意识**　yōuhuànyìshí（名）指内心对自身、当前之外事物的前途命运的关心。如：做人要有～｜青年人一定要有～，关心国家大事。

⑦ **开宗明义**　kāizōng-míngyì（成）说话、写文章时在一开始就说明主要意思。如：文章～，阐释了作者的爱情观｜主席做报告的时候，～就强调要抓好粮食生产。

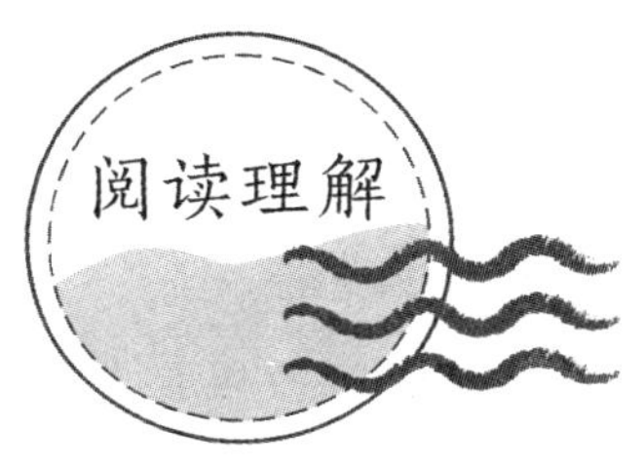

1. 根据文章内容，用合适的语词填空。

（1）本研究的主要内容是____________________。

（2）《围城》语言最突出的艺术特色是____________________。

（3）《围城》比喻____________，具有鲜明的幽默、讽刺效果。

（4）《围城》在辛辣的讽刺背后，表现了作者________________。

2. 根据文意，判断下列说法的正误，正确的打“√”，错误的打“×”。

（1）《围城》中的人物形象不具有喜剧性，情节也不离奇古怪。（　　）

（2）《围城》的比喻多，而且类型多种多样，非常值得学习。（　　）

（3）《围城》中的比喻虽然是人们常想到的，但是仍然让人感觉很神奇。（　　）

（4）《围城》里的人和事都跟钱锺书的经历有关系。（　　）

（5）《围城》的主旨是对当时社会上沽名钓誉的知识分子进行批判，表现了作者反知识、反知识分子的情绪。（　　）

3. 根据文章内容，简要回答问题。

（1）作者认为，《围城》的讽刺效果是怎样表现出来的？

____

____

____

____

（2）作者认为，《围城》的主旨是什么？

____

____

____

____

（3）怎样理解《围城》的“灰色知识分子群像”？

____

____

____

____

二、写作训练

1. 根据提示，概括选文的主要内容。

（1）本选文的主要观点是：《围城》的比喻特色____________，具有____________。在辛辣的讽刺和幽默下，蕴含了作者____________。

（2）通过选文的第一部分“睿智丰蕴的比喻”可知，作者在这一段主要论述了《围城》的比喻特色：从总体上带有____________和鲜明的____________。为了证明这个观点，作者引用了原文中的一个例子：用____________比喻____________。这两个可以做比喻，是因为对方鸿渐来说，这两个都一样具有____________的作用。《围城》中比喻的另一个特色是使用得很多，而且____________。为了证明这一点，作者又引用了原文中的两段话，第一段话运用了____________的方法，第二段话运用了____________的方法。

（3）根据选文第二部分内容，可以知道，作者在这一段的主要观点：《围城》表面上是讽刺，其实包含着作者____________。为了证明这个观点，作者引用了钱锺书____________的话。通过钱锺书的这段话，可以看出，钱锺书在写《围城》的时候，是从____________上描写人物的。所以作者认为，钱锺书写《围城》，并不单单是讽刺，而是对____________的探讨。

2. 根据选文内容，把下面的写作思路图补充完整。

第一部分第一段：

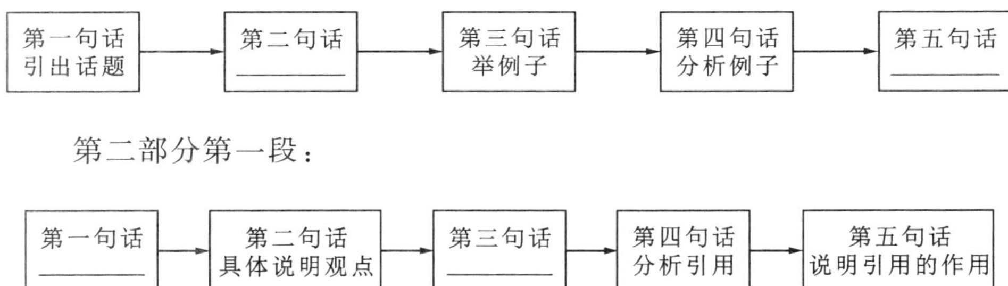

第二部分第一段：

3. 文章正文部分出现了七个上标，文后分别对七个标记进行了解释。根据这个解释，我们可以知道，这七个标记分别是什么意思？在文中有什么作用？

____

____

____

____

____

三、拓展训练

1. 把下面的句子按正确顺序排列成语段。

(1) A. 这些人物以“崇洋”来装阔的心理，与鲁迅笔下的阿 Q 是相通的。

B.《围城》对“新儒林”中“崇洋”心态的刻画，是非常辛辣的。

C. 小说表面上是讽刺这些“崇洋”的心理行为，实际上却是在挖传统文明的劣根。

D. 读过此书的人大概都不会忘记那个为了显示“精通西学”，竟把自己俄国老婆称为“美国小姐”的假博士韩学愈，靠骗取外国名人通信而充当世界知名哲学家的江湖骗子褚慎明，等等。

正确排列顺序是：____→____→____→____

(2) A.《围城》写作的依据是现实生活本身。

B. 可见，《围城》里的人和事真实反映了当时的社会面貌。

C. 自鸦片战争以来的近百年时间，中国在历史进程中受到了欧风美雨的影响，一方面固然引进了西方的现代科学，另一方面也带来了“崇洋媚外”的风气。

D. 当时非常流行的出国留学很大程度上是为了“光宗耀祖”，留学才能不自卑，方鸿渐的话可以说是一语中的。

E. 在小说中方鸿渐做了这样的比喻："留学跟前清科举功名一样……留了学可以解脱这样的自卑心理，并非为深造学问。"

正确排列顺序是：____→____→____→____→____

2. 请根据信息表为下面段落中引用的内容增加标注。

语　句	文　献	出版信息	位　置
国文是土货，还需要外国招牌，方可维持地位	钱锺书《围城》	人民文学出版社，2010 年第 7 版	第 8 页
倘若把根深蒂固的旧文明比作一棵不死不活的树，那么李梅亭、汪处厚就是这棵树上结的罪恶之果	王小波《中国知识分子与中古遗风》	中国青年出版社，1999 年	《王小波文集》第 4 卷，第 242 页
中国知识分子最爱干的事儿是拿着已有的道德体系说别人	吴其南《讽刺与悯人——〈儒林外史〉〈围城〉异质论》	《温州师范学院学报》，1998 年第 5 期	

（1）在《围城》中，我们看不到以方鸿渐为代表的留学生知识分子的留学目的与留学意义，留了学仿佛就有了资本。不仅学自然科学的学生要出国，就连专学中国文学的学生也要出国“深造”，因为“国文是土货，还需要外国招牌，方可维持地位”，他们浪费着巨大的社会资源却毫无成绩，可见这些所谓的留学生并没有在文化交流中找到自身的价值，仅仅是盲目地随波逐流。

____

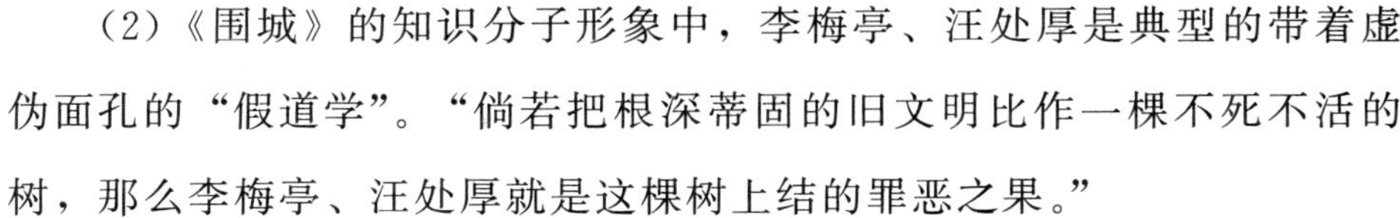

（2）《围城》的知识分子形象中，李梅亭、汪处厚是典型的带着虚伪面孔的“假道学”。“倘若把根深蒂固的旧文明比作一棵不死不活的树，那么李梅亭、汪处厚就是这棵树上结的罪恶之果。”

____

（3）本来是李梅亭自己对王美玉产生了极大的兴趣，却又道貌岸然地评论方鸿渐二人不够老实，可见其虚伪本质，正应了那句“中国知识分子最爱干的事儿是拿着已有的道德体系说别人”。

____

3. 下面是作家出版社 2015 年出版的鲁引弓的小说《小别离 2》第 23 页的一部分内容。请利用这部分内容，完成两段话。这两段话的论点都已经给出，请注意围绕论点分析说明例子的作用，并将引用的内容标注出来。

到晚上 8 点钟的时候，妈妈海萍爸爸方园的视频呼叫来了。

朵儿已经坐在了自己的小书桌前，收拾好了哭泣过的面容，让自己笑着，让他们看不出来刚才受的委屈。

朵儿接通视频对话，就看见了爸妈的脸在晃动，那边是中午时间。

她还看见了家里熟悉的客厅：天花板上的吊灯、墙壁上的装饰画……它们仿佛散发着一缕缕暖热气流，穿屏而出，让她鼻子发酸，想依偎而去。

她对着他们笑，问，老妈老爸，你们没上班吗？

爸妈的脸庞挨在一起，凑成手机里满满的一框，他们在说，没啊，正在家里，朵儿你还好吗？

今天又不是星期天。朵儿有些奇怪，嘴上说着“我很好的”，心里却在想：他们有什么事呢？可能是要关照我选什么大学专业吧，这是他们最近盯着的事。

老妈海萍神情急切，她问，朵儿，你不是被同学打了吗？

朵儿一怔，没啊。

有没有伤着？

什么？

不是有个叫杨冰的，与你闹矛盾了吗？

这你们也知道了？朵儿对他们晃晃头，说，还好啦，没多大的事，就推了我两下。

有没有伤着？老爸问。

没呀。

真的没有？爸妈睁大着眼睛，脸上像笼着一团乌云。

手上有点乌青，现在都退了。朵儿说。

给我们看下。

喏。朵儿向他们一晃手背。

手机屏里，爸妈脸上情绪激动，他们在问，怎么不是多大的事？你那同学怎么可以这样！到底发生什么了？

朵儿想起那天车站上杨冰气急的脸色和那副拽样，心里有气在升起来，就是啊，这奇葩“霸王花”，也不知到底在想什么。

而她嘴里却说，因为一点小事，那人偏激了。

爸妈追问：到底是什么事，那个杨冰这么蛮？学校都联系她妈妈了。

她妈妈？朵儿心想，难道是杨冰妈妈告诉他们的？怎么可能，她妈居然找到了我爸妈？

朵儿轻甩了一下头发，笑着宽慰他们道：真的没什么大事，就是推了我两下。

爸爸方园叫起来，朵儿别骗我们！人家家长是很郑重其事来道歉的，不会没什么事的，否则学校不会找她家长。

海萍和方园很知道这个女儿去了那边之后懂得报喜不报忧，这么个小孩就晓得这点了，想想都心疼，所以，现在必须盯着追问。

他们的头凑在手机屏里，眼睛直愣，像一对忧心忡忡的夜鸟。

（1）《小别离2》的语言非常平淡、朴素。

（2）《小别离2》的语言非常生动。

四、写作知识

学术论文中的引证法

在学术论文中，经常需要引用其他文献的观点。和普通议论文的引证法一样，学术论文中的引用也有明引和暗引两种。明引，就是直接引用，把原文中的文字原原本本地照抄过来，用引号或者单独的段落来显示。暗引就是间接引用，就是不使用原文，用自己的话转述原文的意思。在学术论文中，不论是直接引用还是间接引用，都必须注明出处：哪个作者，在哪篇文献的哪个地方，以备读者根据这些信息找到原文。

因此，在学术论文中，对引用的标引和注释非常重要。引用的注释，有多种方式，常用的如下。

第一，随文注释。即在引用的同时说出来源。如下例中划线部分：

（1）有人说“《围城》比任何中国古典讽刺小说都优秀”，“是中国近代文学中最有趣和最用心经营的小说，可能亦是最伟大的一部”（夏志清，1961）。柯灵（1990）更是称之为“新儒林外史”。

第二，标注法。即通过给正文中引用的内容添加一个标记（一般是序号），在页面底部（脚注）或者正文尾部（尾注）相应的标记后注明引文出处，也可以直接对应着参考文献的序号对引文的出处进行解释。本课的选文即采用了尾注对引文来源进行解释。再如上面例（1）运用标注法可改为：

（2）有人说“《围城》比任何中国古典讽刺小说都优秀”，“是中国近代文学中最有趣和最用心经营的小说，可能亦是最伟大的一部”[1]。更被评论家称之为“新儒林外史”[2]。

参考文献

［1］夏志清．中国现代小说史［M］．纽黑文：耶鲁大学出版社，1961.

［2］柯灵．喜《围城》上荧幕［J］．文汇月刊，1990（06）：23.

这个例子的上标对应的是参考文献相应的文献条目。

本课参考答案

五、课后作业

1. 下面是一篇学生的课程论文习作，请找出其中引用出现的问题，并改正。

谈《围城》对崇洋媚外文化的讽刺

《围城》一书问世于1947年，是钱锺书所著的长篇小说。《围城》的故事以中国20世纪30年代末为时代背景，围绕归国留学生方鸿渐，展现了当时中西文化交融的社会面貌。正如鲁迅所说的“什么主义、思想，一到中国就变味走样”一样，《围城》中作者所看到的，都是人们一味吸取外国文化，抛弃自己原有的良好文化的畸形社会风气。尽管作者并没有直接说明，但是字里行间都是对这种崇洋媚外社会风气的讽刺。

《围城》中的人物只要与国外文化沾边，就或多或少地忍不住表现和炫耀，从张吉民的言谈中就可明显地看出这种现象：

“我不懂什么年代花纹，事情忙，也没工夫翻书研究。可是我有hunch；看见一件东西，忽然what d'you call灵机一动，买来准O.K.。他们古董掮客都佩服我，我常对他们说：‘不用拿假货来fool

我。O yeah，我姓张的不是sucker，休想骗我！’”

张惠君（2005）在《汉语表达中夹杂英文现象浅析》中指出，在正常汉语交流中夹杂英文的情况，乃属人们的炫耀和显示心理。张吉民的这种说话方式，正是崇洋媚外的一种表现。

崇洋媚外的风气，还表现在人们对留学及文凭的看法上。例如：

“出洋好比出痘子，出痧子，非出不可。”

“这一张文凭，仿佛有亚当、夏娃下身那片树叶的功能，可以遮羞包丑；小小的一方纸，能把一个人的空疏、寡陋、愚笨都掩盖起来。”

“只有国文是国货土产，还需要外国招牌，方可维持地位，正好像商人在本国剥削来的钱要换成外汇，才能保持国币的原来价值。”

这些尖刻的比喻，生动地刻画了人们对留学以及洋文凭的盲目追求和崇拜。方鸿渐大学时期原是国文系的学生，为了让自己能更有竞争力，选择出国留学深造来提高自己的社会地位。而当他回国时也得到了非常隆重的欢迎，不仅有自己的至亲好友，还有一大堆远房亲戚，记者，各种认识或不认识的人，从这些场面也不难发现当时人们崇洋媚外的心理。

《围城》非常含蓄地指出了中国知识分子崇洋媚外的心理，其实种种现象在现今的中国人身上仍能看到，值得人们深思。

参考文献

[1] 钱锺书．围城［M］．北京：人民文学出版社，1991.

［2］张惠君．汉语表达中夹杂英文现象浅析［J］．吉林化工学院学报，2005（6）：43-46.

（节选自中国人民大学学士学位论文，作者：陈彦彤。有改动。）

2. 检查你的论文，看看引用的格式是否正确？

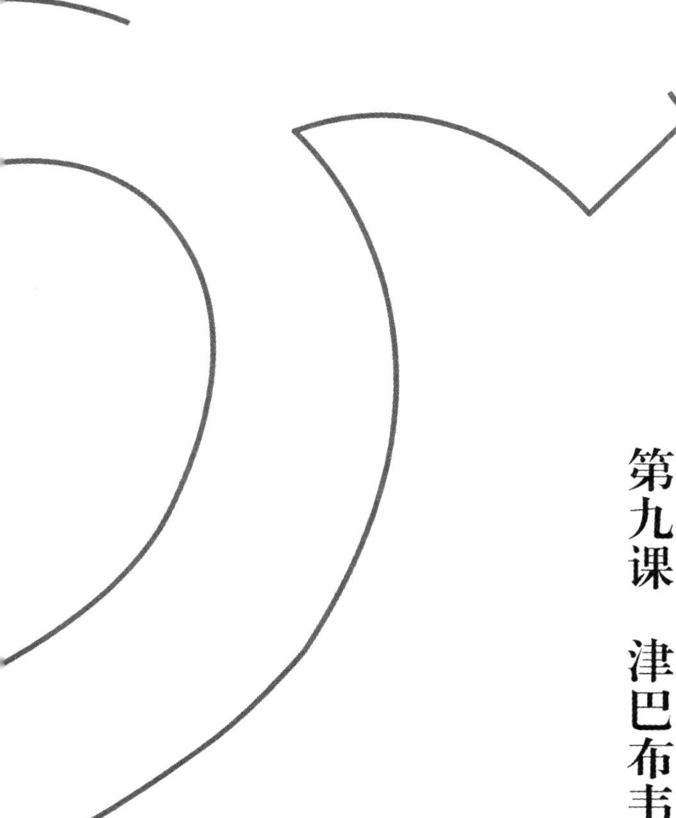

第九课　津巴布韦初级汉语教材本土化设计

一、阅读分析

津巴布韦初级汉语教材本土化设计

结语

本土化汉语教材是根据当地教育体制、社会文化、学习者母语特点等因素开发的适合当地人学习的教材。目前津巴布韦的汉语本土化教材几乎可以说是空白，不能满足直线上升的汉语学习者的学习需求，亟待[①]设计和开发。

本文在总结汉语教材本土化历程、学界对汉语教材本土化研究现状、津巴布韦汉语教学发展现状和目前教材使用现状调查的基础上，考察了津巴布韦目前使用人数较多、使用频率较高和适用范围较广的汉语教材《快乐汉语》《HSK 标准教程》《新实用汉语课本》和《发展汉语》的使用情况，并选取目前使用人数最多和潜在市场最大的《快乐汉语》，对这一教材做出本土化设计。

经过对比汉语与津巴布韦母语绍纳语的语音系统，以及对上述教材在语音项目的选择、排序及注释上的总结与对比，我们认为，《快乐汉语》教材中没有复韵母学习内容，语音项目排序完全按照《汉语拼音方案》，无语音注释的做法给津巴布韦汉语学习者带来了不便。所以，我们提出该教材语音方面的本土化需要增加复韵母的内容、调整语音项目的顺序和增加语音注释的内容等。

通过总结对比汉绍词汇对应情况，分析津巴布韦学习者常见的词汇偏误和考察上述几类教材的词汇，以及针对《快乐汉语》词汇不能满足学生表达需求和量词学习偏误严重的情况，我们认为本土化教材应该增加本土化词汇、增加量词“口”等学习内容。

通过对几部教材隐性②和显性③文化内容的考察，我们发现这些教材中均无显性介绍文化方面的内容，所以有必要适当增加本土文化内容。可以从增加中国文化内容显性介绍、人物形象的设计、场景设置角度等，对该教材文化内容部分进行本土化设计。

本文关于津巴布韦汉语教材本土化的探讨，是基于教材对比分析和一线④教学反馈，相关讨论也将回馈津巴布韦汉语教学和教材发展。教材设计和改编是一门大学问，由于本人学力有限，在津教学也只有两年时间，论文多有不足之处，还有待进行进一步研究和深入。我们也希望更多的学者关注非洲本土化汉语教材发展，为汉语在非洲的教学做出贡献。

（节选自中国人民大学硕士学位论文，作者：李宁宁。有改动）

① **亟待** jídài（动）急切需要，迫切等待。如：新员工的专业技能～提高｜马上到截止日期了，很多问题～解决。

② **显性** xiǎnxìng（形）明显的，表现在外的。如：双眼皮是～遗传｜可以从书刊杂志上得到的知识都是～知识。

③ **隐性** yǐnxìng（形）跟“显性”相对，不表现在外的。如：生活中除了课本、报刊上能学到的东西以外，还有很多知识是～的，是在潜移默化中得到的｜除了这些账面上的，还有一些～债务。

④ **一线** yīxiàn（名）第一线。指作战的最前线，也指从事实际工作的基层。如：累不累、脏不脏，我们这些～员工最有发言权｜虽然他是领导，但是一直工作在第～。

1. 根据文章内容，用合适的语词填空。

（1）根据第一段，目前在津巴布韦学习汉语的人数__________，但是适合当地人学汉语的本土化教材__________，所以针对津巴布韦学习者的本土化教材的__________非常紧急，也非常重要。

（2）根据第二段，本研究的中心内容是对教材《快乐汉语》进行__________。作者之所以选择《快乐汉语》这本教材进行研究，是因为这本教材在津巴布韦__________、__________。

（3）根据第三段，作者对《快乐汉语》的语音部分本土化提出建议，是在对汉语和津巴布韦绍纳语语音系统进行__________，对《快乐汉语》和其他教材的语音部分进行__________，发现《快乐汉语》教材存在__________等问题的基础上进行的。

2. 根据选文第四、五段，选择填空。

（1）作者发现，目前教材《快乐汉语》在词汇方面存在的不适合

津巴布韦汉语教学的问题是（　　）

A. 教材词汇不能满足学生表达需求。

B. 津巴布韦学生量词学习偏误严重。

C. 汉绍词汇对应情况。

D. 考察、比较了其他教材。

(2) 作者在对词汇本土化方面提出建议时，没有依据（　　）

A. 汉绍词汇对应情况。

B. 津巴布韦学习者常见的词汇偏误。

C. 所考察的几种教材中出现的词汇。

D. 两种语言的系统比较。

(3) 作者对教材文化内容本土化提出建议，是因为作者做了（　　）项工作。

A. 考察了几部教材的文化内容

B. 对比了汉语与绍纳语的语音系统

C. 总结了汉绍词汇对应情况

D. 分析了学生的偏误情况

3. 根据选文最后一段的内容，用简短的话回答问题。

(1) 作者认为这项研究还存在哪些不足？

____

____

（2）作者将来还会继续研究这个问题吗？

（3）这项研究有什么价值？

（4）作者有什么希望？

二、写作训练

1. 梳理文章的写作思路，完成下面的文段。

文章开头部分说明了对津巴布韦汉语本土化教材进行研究的背景，进而交代了本文的________________。接下来从语音、________、________三个方面具体介绍了作者的研究成果，最后总结了这项研究的________，号召更多的人关注津巴布韦的汉语教学。

2. 抓住文章的主要内容，将之概括成短文（200字左右），可参考下面的表达。

目前针对津巴布韦汉语学习者的本土化教材……本文选择目前……的《快乐汉语》进行本土化设计。通过……，本文认为在……上应该……；在……上应该……；在……上应该……。希望对……

____

____

____

____

____

三、拓展训练

1. 阅读下面的论文结束语，完成练习。

本研究对英语专业本科毕业论文的现状做了初步调查，探索了学生和导师对做论文的认识，了解了论文辅导和评判的常用方法。在调查的基础上，本文就论文的目的、意义、辅导方式、评判标准进行了思考并提出了建议，强调本科生论文写作的意义在于提高本科生的综合能力，目的是让学生学习科学研究的态度、方法；同时强调，在论文的辅导和评判中，可通过分解的手段做到注重做论文的过程。

应该说明，本研究调查范围较小，涉及的问题有限，因此，只能算是抛砖引玉之举。本人仍将继续进行相关调查和研究，同时，也希望从事本科生教学的教师们共同探讨这方面的问题，使本科生的论文水平有质的飞跃，使本科毕业生的素质有明显提高。

（1）根据这个结束语，可知这篇论文的研究对象是什么？

____

____

____

（2）这篇论文主要采用了什么研究方法？

____

____

____

（3）这篇论文的主要观点是什么？

____

____

____

（4）猜一猜：第二段中的“抛砖引玉”是什么意思，并用该词改写句子。

我这篇文章对津巴布韦汉语教材的本土化问题进行了初步研究，希望这篇文章能够引出更多有更好观点的论文，吸引大家都来研究这个问题。

____

____

____

（5）根据这段结束语的内容，将其写作思路补充完整。

第一段介绍了本论文的主要内容有两部分：一是对________进行调查，二是在调查的基础上进行________并提出________。

介绍完这篇文章的主要内容后，第一段后半部分概括了作者的主要观点，对本科生论文写作的________和论文辅导评判的________提出了自己的看法。

第二段也分为两部分：首先说明本研究还存在________，将来会________；然后发出倡议，________同行共同研究，因为这种研究的意义很大，可以____________________。

2. 选词填空。

具体分析了　有待进一步　本文　发现　后者　通过对　综上所述　深入

（1）____________，要推进对外汉语写作教学研究，还应丰富、加强各相关方面的研究，力求形成整体发展与各个局部问题深入探讨之间的良性循环。当前已有研究已经打下了一定的基础，但还有许多问题____________考察、发现与探索。

（2）本文主要从教材、教学内容、教法及考核办法等方面，____________高校开设英语专业本科毕业论文写作课的一些相关问题。诚然，____________对相关问题的阐释还存在不足，还有待进一步____________分析、研究。

（3）本文____________“be”与“是/有/在”的对比分析，____________它们存在本质差异：前者具有时间性特质，而____________则具有空间性特质。

3. 把下面的句子按正确顺序排列成语段。

（1）A. 以上研究结果对二语学术写作教学具有启示意义。

B. 发现了论文在引用中出现不当借用、作者身份意识较低的问题。

C. 本研究考察了英语专业本科毕业论文使用引用的策略及分布特征。

D. 并提出了一些对策。

正确排列顺序是：____→____→____→____

（2）A. 发现镜子在人类发展史上起到了帮助自我意识形成、满足人类的控制力的作用。

B. 因此，对神话中镜子、镜像的研究，在现代语境下仍有很多可供挖掘的空间。

C. 以上主要通过四则神话，对镜子在人类历史上的作用做了一些简要分析。

D. 其实镜像在人类发展中起到的作用并不仅仅局限于以上所谈，在影像媒体发达的今天，这种从远古时代就已形成的认知和感受能力，在现代人类的认识中仍然在发挥着积极作用，并不可避免地发生了变化。

正确排列顺序是：____→____→____→____

四、写作知识

结语的写作

在论述完一个问题之后，常常有个总结性的段落，这种段落在论文中间可能会体现为“小结”，在论文末尾可能会表现为“结论”“结语”“结束语”等。这里主要介绍论文结语的写作方法。

论文的结语通常是对整篇文章的概括，如果开头没有论点，结语一定要提出论点；如果论文开头提出了论点，结语就是对论点的重申，应尽可能使用与开头不同的词语和句式来重申论点，并且可以加上对研究对象的评价，或者说明有待研究的问题。所以结语部分一般可以出现以下几个内容。

（1）研究话题或研究对象。再一次明确说明本研究的研究背景、研究对象或主要问题。

（2）主要论点或者观点。概括说明本研究得出的主要论点或主要观点。

（3）主要工作。概括说明本研究为了解决主要问题做了哪些工作。

（4）贡献和不足。解释说明本研究在哪些方面有所贡献，有什么理论意义或实践价值，在哪些方面还存在不足、做得不够。

(5) 展望、号召或倡议。分析在该问题的研究上存在哪些研究趋势，其他研究者们还可以对哪些问题进行进一步研究。

以上内容并不是固定不变的，作者可以根据自己的实际情况有所取舍。

论文的结语部分有一些常见表达。例如：

本论文从……方面对……进行了分析/调查/考察

通过前面的分析，本文认为……

通过以上分析/对……的分析，可以看到……

研究表明/发现，……

综上所述/总而言之/总之/总的来说，……

限于……，还存在很多不足/以下不足

……尚待/有待于进一步深入的分析、研究

……仍有进一步研究的必要/深入挖掘的空间

需要说明的是，结语部分并不是必要的部分，在论述部分已经很明晰充分地表达了文章观点之后就戛然而止也是很常见的。

本课参考答案

五、课后作业

1. 下面是一位留学生的论文习作，没有结尾，请你为这篇小论文续写一个结语。

中埃红白黑文化比较

一、引言

色彩在人类的生活环境中无处不在。虽然世界各地的色彩本身不会改变，但人们对色彩的理解却由于各地的历史背景、文化传统、风俗习惯、价值观念、宗教信仰等的不同而存在很多不同。中国和埃及在悠久的历史发展过程中都形成了独具特色的颜色文化。在诸多颜色中，黑、白、红是三种基本颜色，在人类生活中参与度很高，在中埃两国也形成了很丰富的文化现象。本文就这两个国家的这三种颜色的文化内涵进行比较。

二、中埃文化中的黑色

中埃两个国家对黑色有同样的看法，黑色代表死亡、恐怖、邪恶、孤独、严肃、冷酷等。黑色，其实是一个既不可思议又神秘的颜色。

对埃及人来说，黑色一般代表贬义。在埃及的语言里，黑色的日子，表示凄惨、悲伤、忧愁的日子，因为收入低而生活压力大的日子。在绘画、文学作品和电影中，也常用黑色来渲染死亡、恐怖的气氛。在葬礼上，埃及人要穿黑色的衣服；在生孩子的时候，则一定不能穿黑色的衣服，因为那代表没有好运。生活中不想看到黑猫，因为那表示坏运。

在中国，黑色也不讨人喜欢。黑色常常用来表达一些不能公开、违法或者隐秘邪恶的势力，例如黑幕、黑手、黑社会。但是黑色也可以用来说明正直、公正不阿，最有名的就是“黑脸的包公”。现代社会里，人们注重养生，黑色的食品也受到热捧。

三、中埃文化中的白色

对中埃两个国家来说，白色都能表达失败或者放弃，打“白旗”表示投降。在埃及，如果问一个人考试考得怎么样，他回答说我白了，说明他考得不好。而在中国，考试如果“交白卷”，意思就是一道题都不会。埃及和中国在这个概念上是一样的。

但是，对埃及人来说，白色也是一种神圣的颜色，给人带来神圣、纯洁、简洁、干净、和平、谦卑、明快的感觉。因此，埃及人崇尚白色。在婚礼上，新娘必须穿白色婚纱。白婚纱是每一个埃及姑娘的梦想，不穿的话，就表示不开心。评价一个人是“好人”，我们就说他有白心，表示他是一个真正的好人。埃及人收到白花会特别高兴，因为那意味着好运来临。

相比之下，在中国，白色基本上不是一种让人喜欢的颜色，中国人认为白色是生命枯竭、无血色、无生命力的表现，常常象征死亡、凶兆，所以葬礼是“白事”。称带给男人厄运的女人为“白虎星”；象征腐朽、反动、落后的“白专道路”；象征奸邪、阴险的“唱白脸”“白眼狼”；称智力低下的人为“白痴”；没经验、没能力、没地位的男人是“白丁”、“小白脸儿”；出了力而得不到好处或没有效果叫作“白忙”、“白干”、“白费力”等。

四、中埃文化中的红色

红色在两个国家都能表示革命、希望和力量。在全埃及人民胜利的时候，人们就全都穿着红色的衣服表达他们的开心。再比如，埃及国家队的服装是红色，所以如果有国际比赛，全埃及人民穿红色的衣服，表示支持和热爱祖国。在中国，“红色政权”、红旗、红领巾等，也是选择红色代表革命、忠诚、勇敢、力量。

但是两个国家对红色的理解也有明显的差别。中国是一个特别喜爱红色的国家，认为红色吉祥如意、驱除灾病、平安喜庆。在婚礼上人们喜欢穿红衣，贴红双喜、红窗花，铺红桌布、红床单，盖红被子，挂红灯笼，到处披红挂彩来烘托幸福、喜庆的气氛。如果人的境遇很好被称为“走红”，生意兴旺叫“红火”，得到上司宠信叫“红人”，分到合伙经营的利润叫“分红”，表示运气好、旗开得胜叫“开门红”，这些时候的红色是吉祥、幸运的化身。

在埃及，红色没有这么多用法。红色既能表达喜欢的情绪，也能表达不喜欢的情绪。例如：说人是红的，其实是在骂人；说人红屁股，是说他不懂事儿。还有一个埃及成语，用汉语说是“如果你心爱的是一头公牛，你就去穿红色”，这里的红色表示爱。

五、结语

____

____

____

____

____

2. 结合自己的研究内容，尝试撰写论文的结语部分。

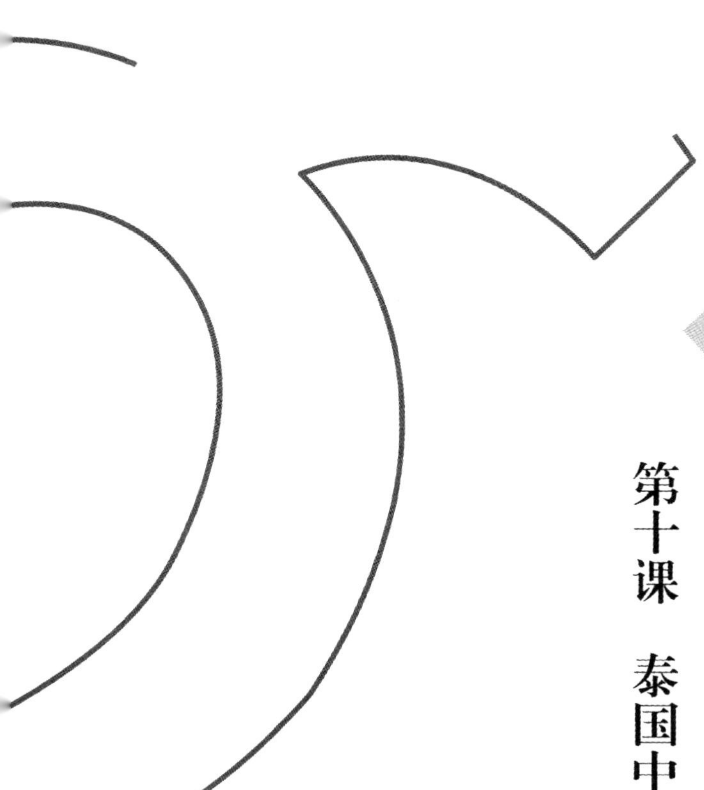

第十课 泰国中学汉语教学现状调查及对策

一、阅读分析

泰国中学汉语教学现状调查及对策

一、问题的提出

自从1999年泰国政府将汉语纳入国民教育体系以来，汉语教育在泰国中学逐渐普及，如在首都曼谷，汉语课程已覆盖到全市的所有中小学。从学生人数、教学规范及教学规模等方面来说，泰国中小学汉语教学远远超过社会上其他形式的汉语培训，甚至超过大学的汉语教育，成为泰国汉语教学中当之无愧的主体。全方位地对泰国本土中小学的汉语教学进行梳理，厘清脉络[①]，探索针对泰国中小学的汉语教学模式，将有助于今后汉语教学在泰国的深入开展，对汉语国际推广工作也具有重要的理论意义和实践价值。

本文以泰国本土中学生为切入点[②]展开调查，分析现状，提出对策，以推动汉语教学在泰国的开展。

二、调查基本情况

（一）调查对象及方式

本次调查的对象为泰国曼谷市5所国立中学的初中一至三年级学生，调查以问卷的方式进行。共发出问卷166份，收回有效问卷147份。发送学校及人数为：当匹仑陶中学27份、帕亚曼谭菈查希匹敬中学26份、昱蔟缇中学40份、玛塔由布拉纳瓦中学25份、瓦亚罗中学29份。

（二）调查时间

本次调查发送问卷的时间为2012年7月16日至7月20日，收回问卷的时间为7月25日。

（三）问卷设计

问卷共有5道题，分别调查学生对汉语课的兴趣、课下花费时间、学习难点、对教学的建议，都采用单选题形式。

为保证被调查的泰国中学生正确理解题目的含义，我们请专业人员将问卷全部翻译成泰语，以确保此次调查所得数据的可靠性。

三、调查结果

（一）学生对汉语的认识

首先了解的是汉语在泰国中学生心目中的位置，在被问到“你认为学习汉语有必要吗”时，136人选择了“有必要”，占92.5%；11人认为“没有必要”，占7.5%。显然，泰国中学生认识到了汉语学习的必要性。

那么他们是否喜欢汉语并明确自己为什么要学习汉语呢？在147人当中，58人选择了“不喜欢学习汉语，学习汉语只是因为学校的安排”，53人选择了“喜欢汉语，觉得汉语有意思”，12人选择了“因为喜欢中国文化而学习汉语”，22人是因为“认为今后中泰两国经贸、文化联系会更加紧密，想从事相关工作”，1人是因为“汉语对自己有好处”，1人是因为“希望自己能说很多种语言”。可见，60.5%的中学生喜欢学习汉语，这当然是我们所期望的结果。但同时我们也要看到，还有39.5%的学生并没有学习汉语的兴趣与动机，这样的学生占到了总人数的将近五分之二。

（二）汉语学习花费的时间

曼谷的所有中小学每周安排一个小时的汉语课，那么泰国的中学生回家以后还学不学习汉语呢？5所学校的学生中38.8%回家后根本不学习汉语；其余的61.2%课后以自学（占88.9%）、去补习班（占10%）、请老师辅导（占1.1%）的方式学习汉语，在这些学生中，有15.6%每周只花不到半个小时学习汉语，有34.4%只花一个小时，21.1%花一到两个小时，15.6%花三到四个小时，花五个小时以上的仅占13.3%。

（三）学习汉语的难点

在被调查的人中，认为汉字最难的有58人，认为语音最难的有30人，认为词汇最难的有11人，认为语法最难的也是11人，觉得以上都难的有37人。可见，汉字和语音对泰国中学生来说是学习的最大难点。

（四）学生对教学的建议

在回答“你对老师今后的教学有什么建议”时，15人选择“多使用幻灯片教学”，18人选择“多写板书”，16人选择“多读课文”，38人选择“增加文化方面的内容”，60人选择“多使用音乐、视频等”。可见，当前汉语课堂教学手段比较单调，学生希望课堂教学更有趣一些。

四、应对策略

（一）培养和加强学生学习汉语的热情

泰国中学生中有相当一部分学生没有学习汉语的兴趣和动机，对汉语学习缺乏足够的热情。根据心理学的观点，学习热情的培养对初中阶段的学生至关重要（沈德立，1997），有了学习热情，学生才会积极主动、快乐、认真地学习。因此，我们要结合泰国学生的特点，想方设法激发其学习热情，使他们在汉语学习的过程中乐学、会学 。

1. 使学生乐学

改进教学方法，满足学生在学习方面的根本需求，充分调动学生的学习积极性。要想调动学生的学习积极性，必须了解学生在汉语学习方面的需求。我们要倾听学生的心声，了解学生的兴趣所在，据此改进和丰富教学内容。根据学生对教学的建议，在今后的教学中，我们要增加文化方面的内容，特别是注重中泰文化的比较，并结合泰国中学生的特点和爱好，加强体验环节。

教学过程是师生双方的互动过程，教师在课堂上要充分发挥学生的主体作用，通过课堂讨论、亲手实践等方法，使他们主动参与到教学进程中来。教师应该多采用录像、音乐、挂图等直观手段帮助学生理解，还可以使用内容丰富、生动有趣的多媒体课件，使汉语学习成为一种愉快的活动。

2. 使学生会学

教师要注意多和学生沟通交流，帮助学生制定汉语学习计划，监督学生分步骤完成，并进行定期检查，帮助学生养成良好的习惯，使他们会学。

根据泰国学生不善于对所学知识进行归类总结的特点，教师应引导和鼓励学生找出汉语的规律，使学生认识到汉语的词汇、语法是有很多规律可循的，从而降低学生汉语学习的焦虑感，使他们学习汉语更加容易。

（二）关于难点问题的教学

1. 汉字教学

泰国属于非汉字文化圈，汉字是泰国学生学习汉语的最大困难和障碍。汉字是非拼音文字，它与记录音素[③]的泰文是两种不同性质的文字系统。我们首先要顺应汉字自身的构造特点和习得规律来组织和开展教学，帮助学生尽快建立起有别于拼音文字的新文字观，形成对汉字体系的整体感觉。其次，要运用灵活多样的教学方法和技巧，激发学生对汉字学习的兴趣和主动性。

2. 语音教学

泰语虽然和汉语一样有声调，但泰语语音有五个声调，和汉语的声调并不相对应，调值[④]有差异，这就使得泰国学生在学习汉语语音时，调值经常受到泰语声调的影响而拿捏不准[⑤]。另外，泰语与汉语在发音方式方法上也存在明显差异，使学生更加难以掌握汉语的语音。因此，教师应该将汉泰语音的主要差异列出来，通过语音对比，突出教学的重点和难点。有针对性地设计专项练习，帮助学生了解和熟悉汉语的语音系统，以及各个音素的发音要领；运用演示法、夸张法、模仿法等灵活多样的教学方法，帮助学生克服学习中的难点，使他们更快、更有效地掌握汉语语音。

五、结语

泰国是世界上第一个将汉语教学列入国民教育体系的国家，曼谷所有中小学均已开设汉语课程，足见泰国政府对汉语教学的支持。调查、了解泰国中学生学习汉语的现状及根本需求，以他们乐于接受的方式帮助他们，使他们乐学、会学，是我们义不容辞的责任。相信通过努力，我们一定会建立起针对泰国青少年的汉语教学模式，以推动汉语教学在泰国的开展，并为汉语的国际推广提供可借鉴的依据。

参考文献

［1］王宇轩．泰国中小学华文教育的现状、问题及对策［J］．华文教学与研究，2008（4）：9-16.

［2］沈德立．非智力因素的理论与实践［M］．北京：教育科学出版社，1997.

［3］卢晓等．初中级泰国留学生汉语学习策略调查分析与教学启示［J］．沙洋师范高等专科学校学报，2011（5）：35-39.

［4］陈荣岚．全球化与本土化：东南亚华文教育发展策略研究［M］．厦门：厦门大学出版社，2017.

（选自《语文建设》2012 年第 22 期，作者：汪向。有改动）

① **脉络** màiluò（名）比喻条理或总体的布局、趋势。如：根据这张图就可以摸清楚这座城市的历史～｜叶子上的～很清晰。

② **切入点** qiērùdiǎn（名）刀子切入的地方，比喻打开局面的点。如：选择以书法为～进行研究，也许能更好地发现石涛的书画艺术特征｜把整治纪律作为公司改革的～。

③ **音素** yīnsù（名）语言学术语，是最小的语音单位。如：汉语里 a 是一个～，也可以说是一个音｜“tian”里有四个～。

④ **调值** diàozhí（名）语言学术语，指声调高低升降的实际读音。如：我们用五度标记法把汉语二声的～记为 35｜两种声调的～不一样。

⑤ **拿捏不准** nániēbùzhǔn（成）掌握不好的意思。如：新手开车经常～车距｜小孩子很多时候～喜欢和上瘾之间的度。

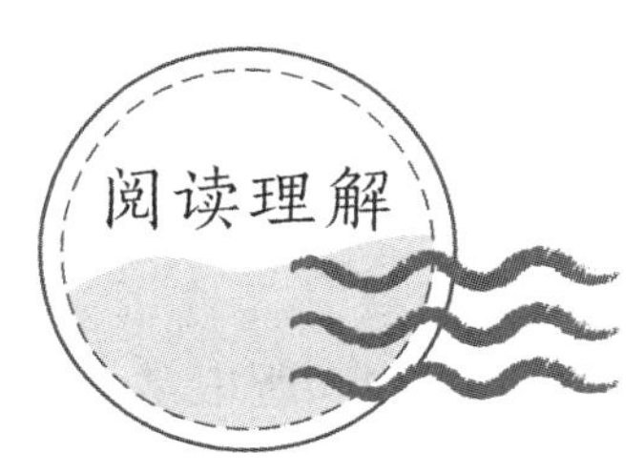

1. 根据文章内容，用合适的语词填空。

（1）选文是作者进行调查的结果。之所以进行这个调查，是因为当前泰国将汉语教学纳入＿＿＿＿＿＿，在中小学中日趋普及，因此全面＿＿＿＿＿＿中小学汉语教学现状，发现问题，将有助于以后进一步＿＿＿＿＿＿。

（2）为了了解泰国中学汉语教学情况，作者于＿＿＿＿＿＿至＿＿＿＿＿＿展开了为期＿＿＿＿＿＿天的＿＿＿＿＿＿调查。调查对象为曼谷市＿＿＿＿＿＿，共发放问卷 166 份，＿＿＿＿＿＿问卷 147 份。问卷有 5 道题，全部采用＿＿＿＿＿＿形式，分别调查学生的＿＿＿＿＿＿＿＿、学习时间、学习难点和＿＿＿＿＿＿＿＿。为了＿＿＿＿＿＿被调查者正确理解题目，问题都翻译成了泰语。

（3）调查结果发现，虽然学生们都认为学习汉语很重要，但是还有很多学生缺乏＿＿＿＿＿＿＿＿，最难的是＿＿＿＿＿＿＿＿和＿＿＿＿＿＿，希望课堂更＿＿＿＿＿＿＿＿一些。

（4）根据调查结果，作者认为教师应该努力培养和加强________________，作者还对泰国中学的汉字和语音教学提出了对策。

2. 根据文意，判断下列说法的正误，正确的打“√”，错误的打“×”。

（1）这次调查是在泰国曼谷的5所中学里进行的，调查对象是初中学生。（　　）

（2）作者设计的调查问卷只有5道单选题。（　　）

（3）泰国中学每天安排1小时的汉语课。（　　）

（4）88.9％的被调查学生课下通过自学的方式学习汉语。（　　）

（5）有研究表明，泰国学生具有不善于对所学知识进行归类总结的特点。（　　）

（6）泰国中学生感觉汉字难学，是因为泰国不属于汉字文化圈。（　　）

（7）泰国中学生学习汉语声调有困难，是因为泰语没有声调。（　　）

二、写作训练

1. 梳理文章写作思路，完成下面的论文提纲。

泰国中学汉语教学现状调查及对策

一、问题的提出

从汉语课程在泰国中小学的____________说明研究中小学汉语教学的重要性，提出本文的研究对象____________。

二、____________

（一）____________

（二）调查时间

（三）____________

三、调查结果

（一）学生对汉语的认识

（二）____________

（三）学习汉语的难点

（四）____________

四、应对策略

（一）____________

1. 使学生乐学

2. 使学生会学

（二）关于难点问题的教学

1. ____________

2. ____________

五、结束语

参考文献

2. 梳理文章写作思路，完成下面的文段。

文章首先指出了泰国中小学在泰国汉语教学体系中的________地位，因此确定本文的研究对象为中学生。接着介绍了本文的研究方法为________，分别从________________三个方面介绍了调查的基本情况。然后介绍了本次调查的结果，说明了中学生在________________等四个方面的统计数据。针对这些调查结果，作者从____________两个方面提出了对策和建议。

3. 抓住文章主要内容，对选文进行缩写（200字以内），可参考以下表达。

泰国中小学是……的主体，为了了解……的现状，本文对……采取……的方法展开调查。调查结果显示……因此，我们提出……的应对策略。

____

____

____

____

____

4. 这篇论文采取了问卷调查的方法，根据选文内容，请把这份调查问卷的中文版本还原出来。

关于汉语学习的调查问卷

同学您好！为了了解泰国中学生汉语学习情况，我们开展了这次调查，请您根据您的真实情况作答，我们保证不透漏您的任何信息。您的回答对我们非常重要，在此表示衷心感谢！

本次调查均为单选题，请您在您认为最符合您情况的选项上打对号（√）。

（1）你现在是初中几年级？

A. 一年级。　　B. 二年级。

C. 三年级。

（2）你认为学习汉语有必要吗？

A. ________。　　B. 没有必要。

（3）你为什么学习汉语？

A. 不喜欢学习汉语，学习汉语只是因为学校的安排。

B. ____________________

C. 因为喜欢中国文化而学习汉语。

D. 今后中泰两国经贸、文化联系会更加紧密，想从事相关工作，所以学习汉语。

E. 因为学习汉语对自己有好处。

F. ____________________。

（4）放学回家以后怎么学习汉语？

A. 回家以后不学习汉语。　　B. 回家以后会自学汉语。

C. ____________________。　　D. 回家以后请老师辅导学习汉语。

（5）在家里每周________？

A. 不到半个小时。

B. 一个小时。

C. ____________。

D. 三到四个小时。

E. 五个小时以上。

（6）你认为汉语最难学的是什么？

A. 汉字。

B. 语音。

C. 词汇。

D. ________。

E. 以上都难。

（7）你对老师________？

A. 多使用幻灯片教学。

B. 多写板书。

C. ____________。

D. 增加文化方面的内容。

E. 多使用音乐、视频等。

三、拓展训练

阅读文章，回答问题。

在美高校留学生语言能力和学习困难调查

中国留学生一踏进美国高校就身处真正意义上的学术英语环境，他们在美国高校学习时面临的问题能为国内高校开展学术英语教学、制定校本大学英语教学大纲提供参考。有鉴于此，本文对在美中国留学生入学后的语言能力和学习进行了一次问卷调查，为国内英语教学提供参考。

一、研究设计

（一）研究问题

本文主要就以下问题展开调查研究：

（1）中国留学生对自己初到美国时的语言能力评价如何？

（2）他们是否适应美国高校的学习，面临的主要困难是什么？

（二）研究对象

美国7所高校的53名中国留学生自愿参与本项调查。从所攻读的学位来看，本科生20人（占37.7%），研究生33人（占62.3%）。

（三）研究工具

本研究针对在美中国留学生设计了调查问卷。该问卷共有6个封闭性问题，包括3方面内容：个人简况、初到美国时的语言能力、学习困难。调查问卷经本研究课题组成员共同讨论，由两位教授审定之后利用Google Forms编辑为网络问卷，调查对象直接在网上完成问卷。

二、研究结果与分析

（一）在美中国留学生的语言能力

根据我们的调查，初到美国时留学研究生最想提高的英语语言能力包括（多选题）：口语表达能力（占90.9%）、写作能力（占78.8%）、阅读能力（占66.7%）、听力理解能力（占63.6%）。留学本科生对此问题的选择情况是：口语表达能力和写作能力（均占85.0%）、阅读能力（占80.0%）、听力理解能力（占75.0%）。这说明，无论研究生还是本科生，初到美国时，口头和书面表达能力等产出性语言技能是他们最急于提高的语言能力。相对来说，研究生在听力理解能力和阅读能力方面的基础稍好，而本科生觉得各项语言能力均有欠缺。

问卷还要求留学生对自己的语言能力由强到弱进行排序。为使两组调查对象的排序结果具有可比性，我们对排序进行了量化处理：第一位计为4分（共有4个选项），第二、三、四位分别计3分、2分和1分，将各选项的总分除以相对应群体的总人数，再根据所得数值对选项进行排序。结果显示，研究生的语言能力强弱排序是：口语表达能力（3.5分）、阅读能力（3.3分）、听力理解能力（3.1分）、写作能力（2.3分）。本科生的排序是：阅读能力（3.8分）、听力理解能力（3.4分）、口语表达能力（3.2分）、写作能力（2.4分）。

（二）在美中国留学生的学习困难

问卷调查结果显示，48.5％的研究生初到美国时不能适应美国高校的学习，而本科生中有70.0％都不适应。为了解留学生不适应美国高校学习的主要原因，问卷列出了可能的学习困难以供选择（可多选）：“a. 用英语阅读专业文献”、“b. 用英语听外国学者或专家的讲座、讲课”、“c. 用英语写文献综述、摘要、报告或论文”、“d. 用英语表达自己的观点”、“e. 其他（请填写）：________”。研究生对a、b、c、d项的选择比例分别是62.5％、68.8％、62.5％和62.5％，本科生的选择分别是64.3％、78.6％、71.4％和64.3％。显然，本科生在这些方面感到困难的比例都相对更高。

调查对象对学习困难从大到小的排序与选项选择结果基本一致。研究生的排序是 b（2.3 分）、c（2.0 分）、a（1.4 分）、d（1.4 分），本科生的排序是 c（2.9 分）、b（2.8 分）、d（1.4 分）、a（1.3 分）。从中可见，研究生和本科生都认为 b、c 项相对较难，只是在难度大小的感知上略有差异：研究生认为 b 项最难，而本科生认为 c 项最难，但难度与 b 项相差无几。这一结果应引起国内学术英语听力教师和教材编写者的注意，以便将真实学术语境下的听力训练作为教学和教材的重点内容。

1. 根据选文内容填空。

（1）这篇文章采用了调查法。调查的目的是____________。

（2）本次调查的调查对象是____________。

（3）该研究的问卷调查是在____________完成的。

（4）调查发现，初到美国留学时，研究生最想提高的英语语言能力是____________，自己认为最强的英语语言能力是____________。本科生最想提高的英语语言能力是____________，自己认为最强的英语语言能力是____________。

（5）调查发现，在美国留学的中国学生面临的最大学习困难，对于研究生来说是____________，对于本科生来说是____________。

2. 抓住文章主要内容，将之概括成短文（100 字左右），可参考下面的表达。

为了……，采用……，对……展开了一次调查。调查结果显示：研究生……，本科生……。

____

____

____

____

____

3. 根据文章内容，完成调查问卷。

关于英语语言能力和学习困难的调查问卷

同学您好！为了__________，我们开展了这次调查，请您根据您的真实情况作答，我们保证不透漏您的任何信息。您的回答对我们非常重要，在此表示衷心感谢！

1）您现在是：A. 研究生。　B. ________。

2）您现在在__________学校学习。

3）初到美国时您最想提高的英语语言能力是（可多选）：

A. ________　B. ________　C. ________　D. ________

4）请您对自己的语言能力由强到弱进行排序：

____

____

____

5）______________________________

____

____

____

____

____

6）______________________________

____

____

____

____

____

四、写作知识

调查法、问卷设计、调查法论文

调查法是科学研究中常用的一种研究方法，是通过书面或者口头回答问题来获取信息材料或数据的方法。调查方法有很多，如问卷法、访谈法、田野调查法、社会调查法、抽样调查法、统计调查法等。最常用的是问卷调查法，简称问卷法，是用设计好的问卷工具进行调查，因此它易于标准化和进行控制，但缺点在于容易片面化，常常和访谈法配合使用。

问卷调查法最关键的是进行问卷设计。要设计一份问卷，必须在前期试调查的基础上，对所调查的问题形成比较清晰、全面的认识。问卷法常常使用单选题或多选题的形式，先设计一个问题，然后给出尽量全面的选项。其中，对问题的表述要具体、通俗、准确、简明，避免使用否定句。选项的设置要尽量避免有交叉、两难的情况。例如：

您本人全年收入是________。

A. 10000 元以下　B. 10001—50000 元　C. 50001—100000 元
D. 100001—150000 元　E. 150001—200000 元　F. 200001—300000 元

G. 30 万元以上（不包括 30 万元）

运用调查法进行研究的论文可称为调查法论文，其正文一般由引言、调研设计、调查结果与分析、结论与建议几个部分组成。引言一般说明调查的意义、背景、调查目的等。调研设计一般包括调查对象、调查方法、调查内容、调查实施情况等方面的介绍和说明。调查结果与分析是对调查得来的数据或结果进行分析。最后一部分常常是通过调查结果得到的结论或者是对所调查的问题提出对策或建议。

本课参考答案

五、课后作业

1. 根据下面的材料，写出相应的“调查情况介绍”部分。

目的：了解韩国留学生使用汉语词典的一般情况，为对外汉语学习词典研究提供需求信息。

调查对象：北京地区在读韩国学生。共255名。学习汉语时间有四种情况：1年以下，1年至2年，2年至3年，3年以上。

调查时间：2007年2月16日到3月15日。

调查地点：中国人民大学、北京语言文化大学、北京师范大学等学校。

问卷内容：六个方面。

（1）学习者使用哪种词典进行学习（母语解释的，双语解释的，目的语解释的）；

（2）使用词典时的最常用项目；

（3）最常使用哪几本词典；

（4）如果不常用以汉语释义的词典，主要原因是什么；

（5）购买词典时考虑最多的因素；

（6）对汉语学习词典的期望。

问卷回收：共发出255份调查问卷，回收252份，其中有效问卷

250 份，回收率为 98.8%，有效率为 99.2%。

2. 以同班同学为调查对象，选择一个生活中的话题，进行一次小范围的调查。请你设计一份调查问卷，并列出写作大纲。

第十一课　韩国留学生对汉语学习词典的需求调查

一、阅读分析

韩国留学生对汉语学习词典的需求调查

一、研究背景

对外汉语学习型词典的研究目前多为理论研究者和词典编纂[①]者的思考和理论总结，这些从专家视角出发所进行的研究为学习词典的编写提供了有力的理论支持。同时，我们也注意到，从使用者对词典信息需求角度所进行的调研比较稀缺。为了探寻编写学习型词典更为科学的途径，从用户角度进行调研是完全必要的。本文利用调查、访谈以及实验等方式，收集词典使用者的反馈，为对外汉语学习词典研究提供了来自使用者的需求信息。

二、研究设计

（一）问卷设计

调查是以了解韩国留学生使用汉语词典的一般情况为目的进行的，我们从不同水平学习者使用的词典类型调查入手，目的在于了解以下内容：①使用哪种词典进行学习（母语解释的，双语解释的，目的语解释的）；②使用词典时的最常用项目；③如果不常用以汉语释义的词典，主要原因是什么。除问卷外，我们还对来自不同国家的66个留学生查找4个汉语动词的过程进行了实验调查，并对部分学生进行了随机②访谈。

（二）调查对象

我们调查的对象是北京地区学习汉语的255名韩国留学生，按学习汉语的时间长短分为四个层次：初级一（1年以下），初级二（1年至2年），中级（2年至3年），高级（3年以上）。划分四个层次的群体进行分析，是为了具体了解汉语水平与词典选择的关系。这些调查对象主要是中国人民大学、北京语言文化大学、北京师范大学，以及北京海淀区五道口地球村学院等院校的在读韩国学生。

我们的这项调查不包括电子词典使用情况。因为电子词典是根据某种纸本词典编制而成的，因此基本的问题还是纸本词典的问题。

（三）问卷回收情况

我们于 2007 年 2 月 16 日至 3 月 15 日之间实施调查。共发出 255 份调查问卷，回收 252 份，其中有效问卷 250 份，回收率为 98.8%，有效率为 99.2%。

三、调查结果及分析

（一）调查对象在中国学习的时间

表 1

学习时间	1 年以下（初级一）	1 年～2 年（初级二）	2 年～3 年（中级）	3 年以上（高级）	合计
人数	46	46	40	118	250

设置这个选项的主要目的在于，根据学习时间的长短确定调查对象的汉语水平，观察语言水平与使用词典类型、目的等调查项的相关性。从表 1 可以看出，在 250 份问卷中，初级一、初级二、中级这三个层次的人数比较接近，占比分别约为 18.4%、18.4%、16%，而高级层次的人数占比为 47.2%，比例较大。

（二）常用的词典类型

表 2

词典类型	水平				
	初级一	初级二	中级	高级	合计
只用中韩韩中词典（以母语释义）	34	27	19	33	113
只用汉汉词典（以目的语释义）	2	2	1	6	11
以上两种词典都用	10	17	20	79	126
总数	46	46	40	118	250

从表 2 可以得知韩国留学生常用的词典类型。在韩国留学生中，初级一、初级二、中级水平的学生使用以母语释义的词典比例最高，而高级水平的学生则是两种词典都用的比例最大；不管汉语水平如何，只用汉汉词典的人数都很少。

初级一层次的学生汉语水平较低，不得不依靠中韩韩中词典。既用以母语释义的词典又用以目的语释义的词典的学生不多。初级阶段课程中的问题，大部分人用自己容易看懂的中韩韩中词典就可以解决。

初级二层次的学生中，59％左右的人同样也用以母语释义的词典。调查中，一些被访者认为，自主学习时或遇到某些课程难题时也要用到汉汉词典里的解释和例子，所以调查结果中这个层次的学生既使用以母语释义的词典又使用汉汉词典的比例稍高一点，但汉语水平还不够，所以使用以母语释义的词典的人仍然最多。

中级层次学生的情况有所不同：只用以母语释义的词典和两种词典都用的人的比例很接近（只用以韩语释义的中韩韩中词典的占47.5%，两种都用的人占50%）。学习汉语2年以上的大部分学生已经到了中级水平，由于学习内容的难度加大、交际需要增多，他们使用汉汉词典的机会越来越多。但是，他们仍离不开以母语释义的词典。

高级层次的学生中，两种词典都用的人比例达到67%左右。这个统计结果显示，大部分在中国学习3年以上的人，一般都同时使用以母语释义和以目的语释义的词典。也就是说，相较而言，学习汉语3年以上的学生大部分更需要汉汉词典。这个层次的学生的汉语水平比较高，课程的难度比较大，社会交际需要更加复杂。一些受访者表示，自学时遇到了以韩语释义的中韩韩中词典的释义不够用的情况，他们认为，这和词典释义有关系，有的词语看中文释义比看韩语释义更容易理解，而且他们的语言能力也达到了看中文释义的基本要求。

（三）使用词典的具体目的（本题可以复选）

表3

使用目的	水平				
	初级一	初级二	中级	高级	合计
看词是什么意思	39	41	36	101	217
查发音（拼音）	23	24	15	49	111
看例句是什么样的	7	17	13	48	85

续表

使用目的	水平				
	初级一	初级二	中级	高级	合计
找词的用法	9	13	13	48	83
找词的同义词、近义词、反义词	3	2	6	23	34
总数	81	97	83	269	530

表 3 的调查结果显示，“看词是什么意思”是使用者使用词典的最大目的，“查发音（拼音）”位居第二。这两个选项合计占总数的 60% 以上。这说明，学习者用词典的最常用项目是查词义，其次是查发音（拼音）。

这样的调查结果也是合理的。留学生作为成年人学习外国语时，第一步是基础知识的掌握，然后是表达，看不懂词的意思和不知道怎么发音就失去了最基本的交际能力。

我们也注意到，表 3 的数据中，初级一的“看词是什么意思”和“查发音（拼音）”两个选项合计占总数的 77%左右，初级二的占 67%左右，中级的占 61%左右，高级的占 56%左右，即这两个最基础项目的常用率随着学习水平的提高有所降低，但都超过 50%。也就是说，初级水平使用者使用词典的目的是解决不得不解决的基本问题，而高级水平学习者使用词典的目的更加多元化。

在“看例句是什么样的”和“找词的用法”这两个选项的统计中，初级一的这两个选项合计是 19.7%，初级二和中级分别是 30.9%、31.3%，增加了 11%左右；而高级的合计是 35.6%，比中级增加了

4%左右。也就是说，越到高级，使用词典的具体项目就越多，即需求越多。

表3的第5个选项“找词的同义词、近义词、反义词”项目，统计显示，有这项需求的初级一学习者为3.7%左右，初级二为2%左右，中级为7.2%，高级为8.5%。每个层次都不超过10%。其中的原因，有待进一步调查。

（四）不用汉汉词典的原因（本题可以重复选）

表4

原因	水平				
	初级一	初级二	中级	高级	合计
汉语水平不够，看不明白汉汉词典解释	28	16	13	20	77
韩中词典和中韩词典的解释就够了	4	16	12	51	83
例句太少	0	4	2	7	13
其他	0	0	0	0	0
总数	32	36	27	78	173

从表2中我们知道，许多学习者不喜欢使用汉汉词典，而表4的统计可以回答一部分原因。初级一、二的学生不用汉汉词典是因为汉语水平不够，看不明白词典中目的语的解释。同时，初级二的学生更多地认为手里有使用母语解释的词典就够了，依赖母语便利性的倾向很明显，这一点与中、高级学生的情况非常相近——中、高级水平的学

生认同"有韩中词典和中韩词典解释就够了"的比例也很大。由此可见，工具书是否易懂，也即时间和效率的考虑是学生词典选择的一个非常重要的因素，认为以母语释义的词典效率高的倾向很明显。这就从另一个角度向对外汉语学习词典的编纂者提出了一个具有挑战性的问题：怎样能让学习者高效率地进行查找并且较快地看懂解释和例子？怎样让学习者在使用查找功能的同时能够收到更多的学习效果？面向外国学生的词典应在这些方面多下功夫。

四、结论

根据以上的调查和分析，我们得出以下结论。

第一，学习者常用词典的类型是跟学习汉语的时间有关系的。初学者对以母语释义的词典依赖较大；中级尤其是高级水平的学习者对汉汉词典有较多的需求，词典编写人员应该充分考虑不同学习群体的需求，设计有针对性的词典。

第二，学习者使用词典的最常用的项目是："看词是什么意思"和"查发音（拼音）"。学汉语时间越长，水平越高，对"看例句是什么样的"和"找词的用法"等要求也越多，词典编写人员应注重开发词典更多的学习功能。尤其是在例句的编写设计方面，学习者普遍对例句数量有更大的需求。好的例句不但有助于理解释义，也有助于掌握相关词语的用法，尤其是在汉语词经常是一词多义的情况下也是如此。

第三，学习者不经常用目的语释义的词典，主要是出于时间和效率的考虑。这提示我们，如何使词典的体例能方便读者，使之容易查找、容易读懂、节省时间、收效快，也是学习词典设计时需要考虑的重要因素。

参考文献（略）

（选自《辞书研究》2011年第1期，作者：岑玉珍、宋尚镐。有较大改动）

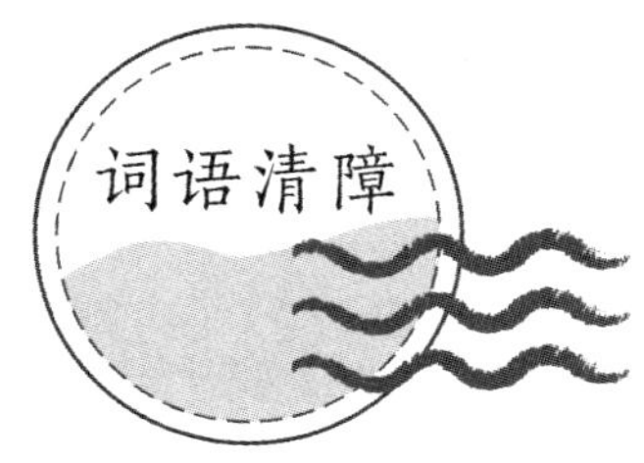

① **编纂**　biānzuǎn（动）编写。如：他几乎把一生的时间都用在～词典上了｜很多出版社也纷纷开始～各种百科全书。

② **随机**　suíjī（形）随意的。如：记者在大街上～采访了几个市民｜中奖号码通过摇号～产生。

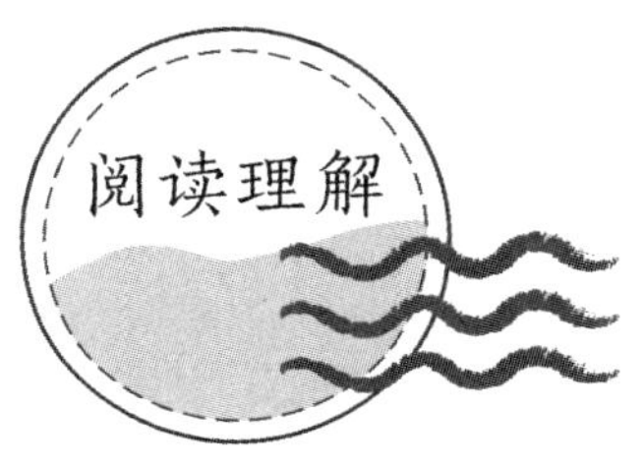

1. 根据文章内容，用合适的语词填空。

（1）以往对学习词典的研究都是从专家视角进行的，而从________需求角度进行的调研比较少。

（2）本文的调查目的是：了解韩国留学生________的一般情况。

（3）本文的调查对象是________地区学习汉语的255名________留学生，按________分为四个层次，划分四个层次的目的是具体了解________的关系。

（4）本次调查问卷回收率为________，有效率为________。

（5）总体上看，韩国留学生最常用的词典类型是________词典，但很少有人只用汉汉词典。

（6）韩国留学生使用词典最大的目的是________，其次是________，两者合计占总数的________。

（7）调查结果显示，学生选择词典的一个非常重要的因素是工具书是否________。

2. 根据文意，判断下列说法的正误，正确的打“√”，错误的打“×”。

（1）这项调查包括所有类型的词典使用情况。（　　）

（2）对留学生来说，看懂词的意思和知道发音是最基础的交际需求。（　　）

（3）越到高级，对词典的使用就越丰富，需求也越多。（　　）

（4）各级别的学生对同义词、反义词的需求都不高，是因为用到的机会很少。（　　）

（5）许多学习者不喜欢使用目的语释义的词典。（　　）

（6）目前的学习词典在使学生既能快速查到又能收到更好、更多的学习效果方面做得不好。（　　）

二、写作训练

1. 梳理文章写作思路，完成下面的文段。

这篇文章首先介绍了________，说明本文的研究目的在于________，对于学习词典的编纂非常有价值也非常有必要。然后文章介绍了这次调查的________，包括________、调查对象和________。接着文章对调查结果分别从________、________、________三个方面进行了分析，得出的结论是：使用学习词典的类型是跟________有关系的，“看词是什么意思”和“查发音（拼音）”是学习者使用词典________的目的，主要是出于________的考虑不经常用目的语释义的词典。

2. 抓住文章主要内容，将之概括成200字以内的短文，可参考下面的表达。

为了……，本文采用……的方法，对……进行调查。调查问卷的内容主要包括……方面。调查显示：……。

____

____

____

____

3. 根据文章内容，复原该研究的调查问卷。

关于学习词典使用情况的调查问卷

亲爱的同学：

三、拓展训练

1. 模仿例子造句。

（1）表3的调查结果显示，"看词是什么意思"是使用者使用词典的最大目的，"查发音（拼音）"位居第二。

……显示，……是最……（的），……位居第二

（2）这两个选项合计占总数的60%以上。

……占……

（3）学习者用词典的最常用项目是查词义，其次是查发音（拼音）。

最……的是……，其次是……

（4）每个层次都<u>不超过 10%</u>。

……超过/不超过/高于/低于/不高于/不低于……

____

____

____

（5）高级的合计是 35.6%，<u>比中级增加了 4%左右</u>。

……比……增加了/降低了/提高了/下降了/减少了……

____

____

____

2. 下面是一位同学对不同性别的人在网上购买商品的类型进行调查后制出的统计图。

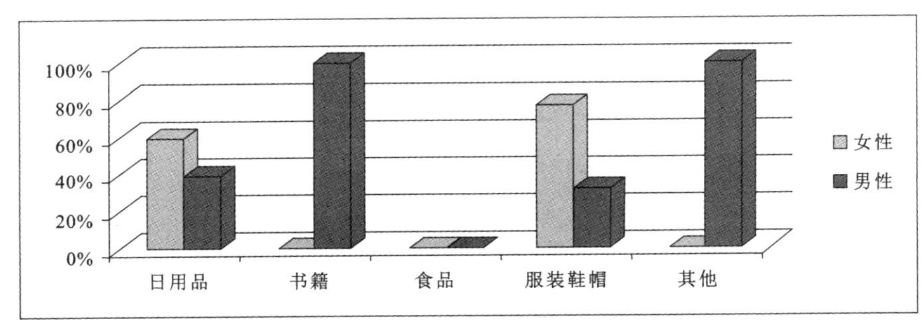

网络购物类别图

请根据该图写一段话，对统计情况进行分析说明。可以使用（但不限于）以下词语。

显示　这说明/表明　有……，占……　也就是说　即……　表现出/呈现出……的趋势

四、写作知识

论文中图表的使用与数据分析

图表可以使调研结果可视化，能够直观、高效地表达复杂的数据和观点，是论文的重要组成部分。

表格适用于呈现较多的精确数值或无明显规律的复杂分类数据。图的种类很多，包括照片、地图、线形图、条形图、饼形图等。在论文中使用图表时，一般需要有图表的序号和标题，以便于称说。

图表的使用是为观点服务的。论文中使用图表需要考虑：你想表达什么观点？这个观点用文字表达还是用图表表达更合适？如果使用图表，使用哪种图表能够更有效地表达自己的观点？还需要注意：图表是配合文字使用的，图表不能完全代替文字，在使用了图表之后，仍然需要文字说明。

使用调查法收集来的大量数据需要用适当的统计分析方法进行数据分析，以提取有用信息形成结论。面对刚刚取得的杂乱无章的数据，可通过制图、造表或各种形式的计算来发现可能存在的规律。在此基础上提出一些可能的模型或类型进行进一步分析，最终做出推断。在形成论文时，要根据形成的推断或结论来选择叙述的立场、合适的图表，以及能够突出观点的数据表达，而不是简单地罗列数据。

本课参考答案

五、课后作业

1. 下面是一位同学对“英雄联盟”游戏的小调查，请帮他重写一下，适当运用图表，使文章更直观、好看。

关于“英雄联盟” 的调查

我们在中国人民大学北门附近用了问卷调查的方式采访了100人。我们调查的目的是了解和分析学生们玩“英雄联盟”网游的情况。

以下是调查结果统计。

(1) 调查人统计（性别，年龄）

男性：83人（有玩53人）　　女性：17人（有玩5人）

大学毕业：2人（男生2人，有玩2人）

大学生：68人（男生59人，有玩46人；女生9人，有玩4人）

高中生：17人（男生11人，有玩2人；女生6人，有玩0人）

初中生：13人（男生9人，有玩3人；女生4人，有玩1人）

通过我的调查，玩“英雄联盟”的玩家绝大部分是男性大学生。

（2）目前段位

没有接触：31 人　　青铜、白银及以下：23 人

黄金、铂金：34 人　　钻石以上：12 人

调查结果发现，确实现在许多人都开始玩网络游戏，并且都比较看重自己的段位。

（3）擅长位置（可多选）

上单：13 人　　打野：13 人

中单：16 人　　ADC：19 人

辅助：8 人

调查结果发现，凡是玩“英雄联盟”的玩家，都喜欢打最重要的位置：中单或者 ADC。

（4）玩家游戏时长

大多数玩家都沉迷于游戏当中，调查结果发现，玩家基本都是每天玩三个小时以上，只有少数人（19 人）玩三小时以内。所以说，玩游戏是很浪费时间的。

（5）对生活和学业产生的影响问题

绝大多数人都觉得玩英雄联盟以及其他网络游戏会对学业产生极大影响；但还是有些人认为，只要自己能控制住自己，合理安排时间，按照计划行动的话，就不会产生太大的影响。

调查结果可以得出：

年轻的男性玩家占据了游戏玩家的大部分比例，也就是说，该网游的最大支持团体为男性青年。

2. 将自己之前设计的调查问卷在班级范围内进行调查，对收集的数据进行统计分析，写成小论文，注意运用图表使调查结果可视化。

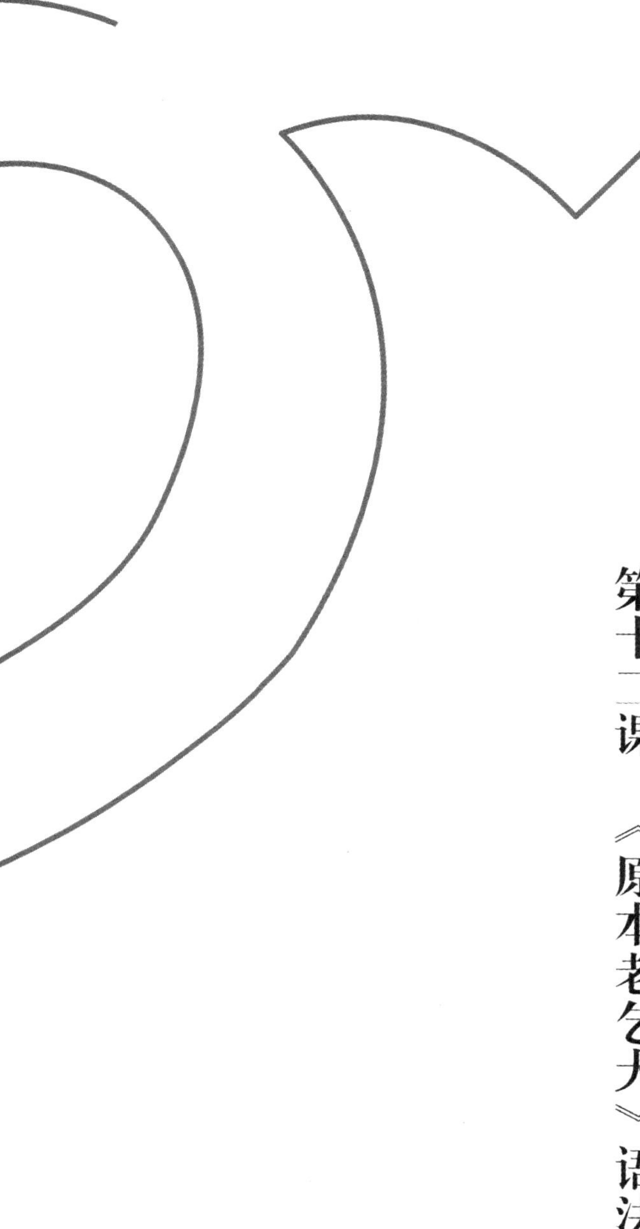

第十二课　《原本老乞大》语法研究

一、阅读分析

《原本老乞大》语法研究

摘要

《原本老乞大》亦称古本或旧本《老乞大》，是传世《老乞大》最早的一个版本。《老乞大》作为历代朝鲜人学习汉语的权威会话教科书，使用时间长、流传范围广，在汉语语法研究史上一直有着独特而重要的地位。而《原本老乞大》因为较完整地保留了元代汉语原貌，引起了学界重视，也是本文写作的初衷①。

本文参照吴福祥（1996、1997、2003）的研究框架，采取定量与定性相结合的方法，对《原本老乞大》（以下简称《原老》）的语法面貌进行详细描写和分析，力求完整、全面地展示《原老》所呈现出来的时代特点。在此基础上，本文利用高育花（2007）对《元刊全相平话》（以下简称《平话》）五种语法研究的研究成果，将《原老》的语法特点与之对比，以期发现《原老》所代表的元代北方汉语与《平话》所代表的元代南方汉语之间的共性和差异。

本文的初步结论是：总体而言，《原老》的语法系统各个层面与《平话》乃至[②]现代汉语都大同小异，可以说已经基本具备了现代汉语的语法系统框架。但是，《原老》北方汉语和对外汉语教材的特性，决定了它又在指代词、数量词、介词、助词和一些句式上呈现出了自己的特点，具有鲜明的时代特性和接触痕迹。

与以往以及同时期的口语文献相比，《原本老乞大》中存在着5种特殊语言现象：① OV语序（如"有"字句）；② 否定判断句的语序（"主语＋宾语＋不是"）；③ 后置词（方位短语作状语）；④"V1着V2"句式；⑤ 句尾语气词"有"的使用。我们认为，这五种特殊语言现象是语言接触引发的演变。产生这种演变的动因[③]是汉语和蒙古语、朝鲜语等阿尔泰语系语言的接触，其中和蒙古语接触的影响是主要的。演变的机制可分为2种：① OV语序、否定判断句（"主语＋宾语＋不是"）属于"语序重组"[④]；② 后置词、"V1着V2"句式、句尾语气词"有"属于"构式复制[⑤]"。

关键词：《原本老乞大》；元代汉语；语法对比；语言接触；语序重组；构式复制

（节选自中国社会科学院博士学位论文，作者：曹瑞炯。有改动）

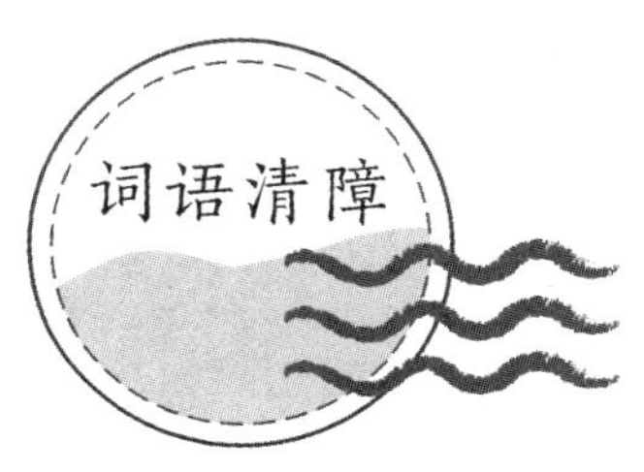

① **初衷** chūzhōng（名）最初的愿望或心意。如：这样的结果并不是我的～｜经过很多困难和挫折也不改～。

② **乃至** nǎizhì（连）连接并列的几个词语，表示事情所达到的范围，相当于“甚至”。如：这项工程本来需要十年～十几年才能完成｜洪水来临时，全城军民～老弱妇孺都参加到抢险护堤中来。

③ **动因** dòngyīn（名）动机、原因。如：贪婪是很多犯罪分子铤而走险的直接～｜语言的使用是语言演变最直接的～。

④ **语序重组** yǔxùchóngzǔ（名）语言学术语，指的是按照另一种语言模式重新安排意义单位的顺序。如：有研究认为，南方民族语言中的 VCO 语序其实是对 VOC 结构进行～的结果｜～是一种语言演变机制。

⑤ **构式复制** gòushìfùzhì（名）语言学术语，指的是按照另一种语言模式用自己的语言材料构建出对等的构式。如：有研究认为，南方民族语言利用自己的语言材料～了汉语的“V 不 V”结构｜语言接触时很容易发生～和语序重组。

1. 根据文章内容，用合适的语词填空。

（1）这篇论文研究的是________________。之所以研究《原本老乞大》这本书，是因为________________。

（2）这篇论文使用的方法是____________和____________。

（3）这篇论文得出的结论是《原本老乞大》这本书中的语法系统跟以后及同期口语文献________________，但是在一些方面也表现出________________。

（4）《原本老乞大》的五种独特的语法现象，是________________的结果。

2. 根据文意，判断下列说法的正误，正确的打“√”，错误的打“×”。

（1）《老乞大》是历史上朝鲜人学汉语的课本。（　　）

（2）《原本老乞大》是《老乞大》的一个版本。（　　）

(3)《原本老乞大》里学习的是元代当时中国各地都使用的汉语。（　）

(4)《平话》里的语言表现的是元代南方的口语。（　）

(5)《原本老乞大》里出现的五种特殊语言现象主要是受到了蒙古语和朝鲜语的影响。（　）

二、写作训练

1. 梳理文章写作思路，完成下面的文段。

文章首先介绍了____________这本书的性质和地位，然后介绍了该研究使用的两种方法，其实也是这项研究的主要内容：一方面是对这本书的语法面貌进行详细的____________，另一方面是将其与其他作品进行____________。通过这两项工作，作者发现，这本书的语法框架____________上并没有多少差异，但是在具体层面上存在几个特殊现象。随后作者对这些特殊现象的____________进行分析，认为主要是语言接触造成的。

2. 抓住文章主要内容，将之概括成短文（200字左右），可参考下面的表达。

《原本老乞大》是……，因为其……而备受关注。从总体上看，……。但是在……等方面又表现出自己的特点，主要表现为……等五种特殊的语言现象。这些现象是……，主要是……造成的。

____

____

____

三、拓展训练

1. 阅读材料，回答问题。

摘 要

汉语教材的本土化问题是最近讨论比较多的问题，也是关系到汉语国际推广效果的一个关键问题。目前，津巴布韦所使用的汉语教材都是通用型汉语教材，这为津巴布韦汉语教师和学习者带来许多问题与不适，其语音、词汇和文化内容方面存在很大的本土化空间。

本文选择目前使用人数最多和潜在市场最大的初级汉语教材《快乐汉语》，为其在津巴布韦的本土化进行设计：在汉语与津巴布韦母语绍纳语的语音系统对比和对上述教材的语音项目选择、排序及注释的总结对比的基础上，从增加复韵母的内容、调整语音项目的顺序和增加语音注释的内容方面，对该教材做出语音本土化设计；在对汉绍词汇对比情况和津巴布韦学习者常见的词汇偏误，以及上述几类教材的语词汇进行考察的基础上，从增加本土化词汇、增加量词“口”的学习内容的角度，对其进行词汇的本土化设计；对几部教材显性和隐性文化内容进行考察的基础上，从增加中国文化内容显性介绍、人物形象、场景设置角度对该教材做出文化本土化设计。

本研究为《快乐汉语》在津巴布韦的本土化提出了比较具体的建议，也希望对其他教材的本土化有所借鉴。

关键词： 教材本土化；津巴布韦；《快乐汉语》

(1) 这篇论文主要研究了什么问题？

____

____

(2) 论文从哪些方面对《快乐汉语》在津巴布韦的本土化进行了设计？

____

____

(3) 除了“关键词”部分，这篇摘要共有三段，请把每段话和它的作用，用线连接起来。

	介绍选题背景
第一段	
	介绍研究方法
	介绍研究内容
第二段	
	介绍研究结论
	介绍研究不足
第三段	
	介绍研究价值

2. 把下面的句子按正确顺序排列成语段，注意使用黑体字所提供的线索。

A. **实验结果显示**，在汉语话题句的加工过程中所诱发的持续负波、动词位置的负成分以及句末位置的P600成分，均反映了句首话题成分移位后会在原有位置留有语迹，二者之间存在句法依存关系。

B. **为此**本文在生成语法理论背景下，利用高时间分辨率的事件相关电位技术，以汉语话题句为研究语料，**考察了汉语语迹的**神经机制问题。

C. **语迹理论是**生成语法框架下所提出的重要理论假设，但这种理论假设正确与否，句法表征中是否真正存在没有语音形式的语迹，**必须得到**与语言相关的脑神经机制的**实验验证**。

D. **根据实验结果可以认为**，语迹在汉语话题句中有其神经机制，语迹理论假设的合理性能够得到大脑神经机制上的证明。同时也从神经机制的角度逆向证实了汉语话题句是经由移位生成的句法结构。

正确排列顺序是：____→____→____→____

3. 下面这两篇论文的关键词有哪些不恰当的地方？请指出并改正。

(1) 论文题目：中埃颜色词文化内涵比较

关键词：中埃，颜色词，文化，比较。

____

____

（2）论文题目：《活着》人物形象分析

关键词：活着。人物形象。

四、写作知识

摘要和关键词

“摘要”又称“提要”“概要”，即“摘录要点”，是把论文中的重要信息摘出来形成的短文，是对论文的内容不加注释和评论的简单陈述。“关键词”又称“主题词”，是论文中出现频率最高，同时也最核心的词汇，是对表述论文的中心内容有实质意义的词汇。“摘要”和“关键词”一般位于论文的题目和正文（包括目录）之间。尽管如此，“摘要”和“关键词”并不是论文正文的组成部分，而是独立于论文之外的独立篇章。

“摘要”和“关键词”在文献搜索中有重要意义。通过“关键词”，可以使同行迅速找到该文献；而通过“摘要”，可以使研究者不必看全文就可以了解该文献的主要内容和主要观点。

“摘要”一般非常简短，普通期刊论文一般要求在300字左右；而一篇学士学位论文的摘要在500字左右，硕士学位论文的摘要有500～800字；博士学位论文的摘要一般不超过2000字。“关键词”也不能太多或太少，一般期刊论文和学士学位论文是3～5个关键词，研究生毕业论文大约5～7个关键词。

“摘要”一般有目的、方法、结果、结论几个方面。具体来讲就是研究的主要对象和范围、采用的方法和手段、得出的结果和重要结论。对普通的期刊论文而言，由于篇幅的关系，一般只要求写出主要观点即可。

“关键词”的选取原则是：出现最多的主题词、核心概念、重要的实词。一般从论文题目中提取，也可以在摘要或者研究方向、论证主题中提取。虚词和一些比较宽泛的实词如“研究”“比较”“动力”等不能作为“关键词”。提取出来的“关键词”一般根据重要性程度从高到低排列，中间用分号或空格隔开。

本课参考答案

五、课后作业

1. 阅读下面的摘要，分析其写作内容，找出其中的不足，然后重新改写成一篇合乎规范的摘要。

摘 要

随着中国国力的提升及国际影响力的增大，汉语学习成为一个世界热点，在越南也不例外。自1991年中越关系正常化后，尽管汉语尚未在越南全面普及，但一直呈现欣欣向荣的景象。

人们常说教材是教师教和学生学的主要凭借。它是教师进行教学、培育人才的具体依据；是学生获得系统知识、发展智力、提高修养的重要工具。目前，越南汉语教材相对匮乏，主要分为引进教材和自编教材两类，它们大多只适用于成年人，而少儿汉语教材更是寥寥无几。2012年3月12日，越南教育部颁布了在中小学开设汉语课的预备条令，尽管此条令还未正式通过，但在胡志明市一些小学已经开设汉语课。该条令显示了越南政府对小学汉语的初步重视，从而也引起越南学者对小学汉语的关注。

目前，越南仅有一套小学本土化汉语教材《华语 TIENG HOA》，它是越南华裔和非华裔正规学校学生的规范教材。这套教材共十册，于1989年出版，距今已25年。如此高龄的教材能依旧保持“青春”，必然有它的独到之处，而二十多年前的教材放在当前日新月异的时代，或多或少都有欠缺。

因此，我选择《华语 TIENG HOA》为研究对象，全面分析其优点以及不足，在此基础上提出自己对编写少儿汉语教材的思考和建议。

本文对该教材的词汇、汉字、语音、语法进行定性和定量的逐层分析，再结合问卷调查法及访谈法了解学生和教师对该教材的评价以及对该教材改进的建议。客观地分析该教材的编写特点及存在的不足，此外，还进一步对越南本土化汉语教材编写的原则、编写理念和内容提出了相关建议。本文的内容共分五章：

第一章主要介绍论文的研究背景、研究意义、研究现状、研究方法和本论文的创新点。

第二章是《华语 TIENG HOA》编写理念、编写原则以及内容编排。

第三章是《华语 TIENG HOA》内容分析，主要是从教材的词汇、汉字、语音、语法的角度分析，进而提出各部分内容编写的特点及存在的不足。

第四章是针对《华语 TIENG HOA》进行问卷调查及分析。问卷主要涉及两方面的内容：教师、学生对此教材的评价以及对教材编写的改进意见。

第五章是我个人对越南本土化小学汉语教材的编写思考和建议，主要从教材的编写理念、编写原则和教材的内容三个方面展开。

关键词：教材，越南，本土化汉语教材，小学汉语，汉语

2. 为自己的论文撰写摘要和关键词。